Den skjulte verden

Satan og demonenes bakgård

Forfatter Tom Arild Fjeld

Den skjulte verden
Satan og demonenes bakgård

ISBN 978-82-93410-39-3

Den skjulte verden
Satan og demonenes bakgård

Den skjulte verden

Satan og demonenes bakgård

Forfatter: Tom Arild Fjeld

Utgave: 1- utgave 2016
ISBN 978-82-93410-39-3
Tro og visjon forlag
Layout: Frank Håvik
Tekst: Times New Roman 13
Overskrifter: Lucida Handwriting 18

Hos Tom Arild Fjeld,
mail: tomarildfjeld@gmail.com

Den skjulte verden
Satan og demonenes bakgård

Innhold

Forord

(Må leses – meget viktig)

Jeg har valgt å kalle denne boken « **Den skjulte verden, Satan og demonenes bakgård».** Det er en helt bevisst tittel.
Vi vet alle at Satan var en lysets engel som ble styrtet ned på grunn av opprør mot Gud Jehova. Ja, styrtet ned fra himmelen, sammen med 1/3 av englene. Og de onde ånder, hvor kommer de fra? Dette og andre sannheter vil jeg belyse i boken.

Det har vært skrevet en del om dette tema av forskjellige internasjonale forfattere. I en del av bøkene har jeg savnet å se referanser til skriftsteder fra Bibelen. Det har vært mer historier om hva de har sett og opplevd åndelig. Den saken er for så vidt grei, men alt må knyttes til skriftsteder i Bibelen. Hvis ikke, kan det ikke godtas. Bibelen er vår rettesnor i ett og alt. Vi må alltid være på trygg Bibelsk grunn, vi har kun ett fundament - Bibelen.

Jeg vil også ta med en del erfaringer fra mitt eget liv. Satan følger nøye med om vi går feil, noe han benytter seg av øyeblikkelig. Mennesker som ikke har Kristus som Herre i sitt liv, er ikke interessante for Satan. De har han allikevel. Det er de gjenfødte, de nye skapningene i Kristus Jesus han følger med. De som kan ta ham, hver gang, **ved bruken av Guds Ord som troens skjold.** (Ef 6)

Allerede rundt år 100 etter Kristus kom Den Katolske Kirke på banen, og ble gradvis bygd opp. Videre fikk vi **den mørke middelalder,** med kamp gjennom fornedrelse, tortur og drap. Så kom **reformasjonen.** Og **Bibelens bevarelse** og **oversettelse** til alle verdens språk ble født. I kjølvannet av dette kom forkynnelse, felleskapsdannelser, omvendelser og vekkelser. Sterke Herrens tjenere sto frem som kjemper. I det 17. - og 18. århundre begynte ting å feste seg åndelig fra Guds side.

Så kom **pinsevekkelsen med Åndens kraft,** og Bibelens tegn og under fulgte med. Det har aldri skjedd så mye i verden

som det har gjort de siste 100 år. **Dette er den største oppvåkningen siden pinsefestens dag** for omtrent 2000 år siden. I det 2100 århundret som vi lever i nå, har vi muligheten for en større forståelse og til å gå dypere inn i Åndens verden enn noen gang tidligere.
Angrepene fra mørkets rike er sterkere enn de noensinne har vært. Men på en annen måte enn i tidligere århundrer. **Vi er ved enden** av denne tidshusholdning, det vet Satan. Vi bør også være mer bevisste på dette, og slipe våre åndelige våpen deretter. Vi kan bli, så lenge vi lever på jorden, i den åndelige og den jordiske verden samtidig. Hvis vi er villige til det. Dette er den siste tid, **vår Herre Jesus kommer snart igjen.**

Jeg hadde ikke tenkt i det hele tatt å skrive denne boken. Men i et av mine TV-program kom det inn forespørsler om ikke jeg kunne skrive en bok og lære mennesker å be bønner - som gir svar. Jeg tok den utfordringen og skrev boken jeg da kalte "Be igjennom – Bønn på dypet."
Da den var ferdig, var jeg nesten ferdig med neste bok også, nemlig" Åndens kraft – vinner krigen". Mens jeg holdt på med den,

begynte jeg å skrive på den boken du nå leser som heter" Den usynlige verden – Satan og demonenes bakgård". Disse bøkene er skrevet under Herrens ledelse. Hva som skulle skrives, ble bare gitt meg mens jeg skrev. Flere bøker vil komme i etterkant av disse. Alle bøkene vil på mange måter henge sammen. De inneholder alle et åndelig trykk av den Hellige Ånds kraft, som Gud vil ha frem i vår tid.

Vil du bli brukt av Gud – så kommer du til å bli brukt av Gud.
Slik er det.

Forfatter
Tom Arild Fjeld

Kapittel 1

Et åndelig oversiktsbilde
Satan er Satan - demoner er de onde ånder

Ordet **demon**, er et ord som ikke er nevnt i norsk Bibel eller noen engelsk/amerikansk Bibel jeg har lest, men ordet er ofte brukt i bøker hvor det skrives om Satan, de onde ånder og de urene ånder. Da er det som oftest en oversettelse fra et bibelsk gresk ord i Det Nye Testamentet som heter **daimonion** som blir brukt. Vi kan gjerne bruke benevnelsene litt om hverandre så lenge vi vet det gjelder samme sak. **Satan er Satan, og demoner er de onde ånder i alle sine varianter.** Noen ganger forekommer det greske ordet **pnevma** i betydningen ond ånd, etter som sammenhengen tilsier.

I enkelte tilfeller er **karakteriserende** bestemmelser tilføyet, så som:

pnevma akatharton (Matt 10,1) som betyr **uren ånd,** og pnevma **poneron** (Luk 8,2) som betyr **ond ånd,** pnevma **alalon** (Mark 9,17)som betyr **målløs ånd,** pnevma alalon kai **kofon** (Mark 9,25) en målløs og **døv ånd,** pnevma **astheneias,** som er en **vanmakts ånd,** en sykdomsånd (Luk 13,1) pnevma **pyton, spådomsånd** (Apg 16,16) pnevma **daimoniou akathartou, uren ånd** (Luk 4,33).

De onde ånder kalles også noen ganger for **djevelens engler** (Matt 25,41), dragens engler. Det tales om en Satans engel (Åp 12,7 2 Kor 12,7) og om en avgrunnens engel. (Åp 9,11)

Vi kan se at det vektlegges med forskjellige ord, for å vise de forskjellige områder djevelen arbeider på. Det klargjør for oss: Når vi ber for syke med fysiske sykdommer (somatiske plager) som er sykdomsånder, eller om vi ber for mennesker som er psykisk syke (har psykosomatiske lidelser), så trenger vi ikke gå i detaljene. Det er nok at vi forstår at det kommer fra Satan og hans medarbeidere, så håndterer vi det ut ifra dette ståsted.

Den Hollistiske forening
Før jeg sier litt innledningsvis om åndelighet, vil jeg først at Inge Ås fra den Hollistiske forening i Norge sier noen ord: "Begrepet åndelighet kan virke absurd, fordi jeg selv mener at alt er ånd – alt er energi – som også vestlige fysikere vil si. Delingen mellom materie og energi, eller materie og ånd, er konstruksjoner som kan fungere splittende. Men på den annen side så trenger vi begreper og ord, for å beskrive og forstå de forskjellige sidene ved vår eksistens. Begrepene hjelper oss å forstå de ulike vinklene, vi kan oppleve virkeligheten fra. Så begrepene er gode nok når de forklares og er i bruk for å beskrive noe…" Slike uttalelser kommer fra denne verdens såkalte vitenskap. Jeg velger å gå Guds vei og tilegne meg Hans visdom og klokskap på området.

Bibelen sier:" Dere skal kjenne sannheten og sannheten skal sette dere fri." (Joh. 8,32)
Jeg velger å forholde meg til den.
Da ser vi litt på åndelighet.

Åndelighet

I den verden vi lever, ser vi at det er masse varianter av såkalte åndelige alternativer. Dette vises frem og tilbys på messer verden rundt. Slik jeg ser det, har disse åndeligheter **sitt utspring i naturreligionen.** Dette ser vi også i alle verdens religioner, kanskje enda mer bevisst i sin bruk av åndelighet, enn det som går under gruppen «alternativt». Det mest ekstreme i denne sammenheng er Satan-tilbedelse, som vi kan finne verden over. Min erfaring og forståelse rundt alle disse ting, viser meg at de alle søker hardt for å oppnå en virkelighetsforståelse, og å få noe positivt ut av sin søken for sine liv. Satan får mer og mer kontroll verden over, og han har en åndelig forståelse. Hvorfor han får mer og mer kontroll, er jo av den enkle grunn at de kristne ikke følger opp sitt kristenliv fra oppstarten av ... Skal vi gå med Kristus må vi gå hele veien, hvis ikke kan vi like godt hoppe av. Vi må inn i Åndens dyp med den Hellige Ånd. Seieren er vår i Kristus Jesus.

Satan slutter aldri å angripe,
derfor må vi alltid være klare til å ta ham på et hvert punkt.

Kjøtt mot ånd
Å oppsøke en åndelig virkelighet i kjøtt, det vil si å oppsøke en åndelig virkelighet ut ifra et fysisk ståsted (gjennom våre sanser, som er inngangsportene til vår personlighet, vårt åndsliv) - det er ikke mulig.
Den åndelige verden er i den 4. dimensjon, mens **vi mennesker lever i** den 3. dimensjon, **en verden under fysiske lover. Den åndelige verden er under åndelige lover.** Det blir som med luften vi puster inn, du får ikke tak på den, men den er der. Kanskje et litt dårlig eksempel, men et eksempel. Jeg gir dere her et Bibel-sted som illustrerer dette veldig bra:

" Jesus sa: Men er det ved Guds Ånd Jeg driver de onde ånder ut, da er jo Guds rike kommet til dere." (Matt 12,28 Luk.11,17)

Her ser vi 2 verdener som er oppå hverandre, uten å forstyrre hverandre. Skal åndens verden være i stand til å påvirke den fysiske verden igjennom mennesker, må vi som mennesker komme inn i den rette posisjonen med våre liv. Kommer vi i rett posisjon, vil denne hemmelighet bli oss tilgjengelig. Den Hellige Ånds kraft kan gå igjennom den "menneskelige omformer" som vi er. Med den Hellige Ånds kraft til hjelp i den fysiske verden. Dette er fullt mulig og det første skritt på en lang vei inn i dette, er at du lar Jesu Kristus, Guds levende Sønn, bli Herre i ditt liv. Og at du tror at Gud oppvakte Jesus Kristus ifra de døde, slik at du blir frelst (zozo, gresk). Guds Ord, Bibelen, er en veileder for de frelste, de gjenfødte, inn i dypet av den åndelige dimensjonen.

Lite forståelse om den åndelige virkelighet

Det er trist å se at de som kaller seg kristne ikke har mye forståelse av denne virkelighet. Derimot søker andre grupperinger i verdenssamfunnet, helt klart inn i åndelige virkeligheter, uten mulighet til å komme inn i det.

Det som derimot skjer i en sterk søking denne vei, er at mennesker som oppdager åndelighet, blir **bundet** av det og etter hvert

kontrollert av det. Her er det demoniske makter det er snakk om.
De styrer ikke lenger sin egen hverdag, men den blir styrt av de kreftene de har blitt bundet opp av. De **tror** de har kontroll, men **sannheten er at de er kontrollert.**
Det som nå kontrollerer dem, vil igjen søke å få kontroll over andre mennesker, som de kontrollerte er i kontakt med. Her ser vi på en enkel måte hvordan den åndelige verden opererer ut i den fysiske verden - og får kontroll.

Det seirende åndelige laget
Det er et folk, en mennesketype, som kan komme inn i den åndelige verden. Ikke bare betrakte den fra yttersiden og bli kontrollert av den, men komme inn og leve i den og få **autoritet** i den. Da mener jeg autoritet i himmelrommet hvor Satan og demonene er.

Hør hva Paulus sier om saken:" For vi har ikke kamp imot blod og kjøtt, men mot makter, mot myndigheter, mot verdens herrer i dette mørke, mot ondskapens åndehær i himmelrommet." (Ef 6,12)

Dette folket er de som er **født på ny,** de frelste, de som har Jesus Kristus Guds levende Sønn som **Herre** i sine liv.
Er du blant dem, så er døren åpen for deg inn i denne virkelighet - hvis du vil.

Seieren er vår

Paulus sier videre: "Jesus avvæpnet maktene og myndighetene og stilte dem åpenlyst til skue, idet Han viste Seg som seierherre over dem på korset." (Kol 2,15)
Jesus sa til Sine etterfølgere:" Disse tegn skal følge dem som tror: I Mitt navn, i Jesu navn, skal de drive ut onde ånder, de skal tale med tunger, de skal ta slanger i hendene, og om de drikker noe giftig skal det ikke skade dem. På syke skal de legge sine hender, og de skal bli helbredet." (Mark 16,17)

Så du ser at alle mulighetene for å komme inn i den åndelige verden - og å leve i seier i den - er deg gitt i Jesu navn, når Jesus er **Herre** i ditt liv.

Les boken med et åpent hjerte og et ønske om å bli en djerv soldat i Herrens arme. For det kan du bli.

Kapittel 2

Den usynlige virkelighet
Det du ikke ser, er der

Jeg vokste opp på Oslo østkant, 200 meter fra Akerselva. Det var her langs elva Oslo by ble utbygget. ”Tigerstaden” ble kallenavnet på byen. Energien til bedriftene ble hentet i elva og forurensningen fra bedriftene ble spylt ut i elva.

Rotter så store som katter
Her var rottene like store som katter, det var noe vi så hver dag vi som elsket å leke ved elva. Vi hadde våre personlige revirer langs elva. Hvis noen av de andre guttene kom inn på ”vårt” revir, ble det slåssing. Det var på denne måte vi herdet oss og ble gode til å slåss, noe vi trengte noen år senere da ”Torshov-gjengen” ble en realitet.

”Gir`u deg”
Noen bydeler hadde gjeng, vi hadde også en på Torshov. Vi tillot ingen fra andre gjenger å komme dit. Kom noen inn på vårt område, var slåssingen i gang. Vi slåss til den ene lå på bakken. Da ropte vi: ”Gir`u deg, gir u

deg?" Svarte han på bakken "ja", var kampen over. Dette ble en del av oppveksten, dette var den synlige virkeligheten som vi alle kunne relatere til.

Uteliggere og gatesangere

By-originaler som gikk og sang i gårdene var vanlig på den tiden. Likeledes uteliggere, som fikk frokost og kaffe på morgenen i trappeoppgangen. Mannen "Sving-deg" gikk i distriktet og sang. Han vitnet om Herren. På en måte var han en sang-evangelist. Han hadde en favorittsang, det var "Mor, kjære mor, kan du høre meg nu, der i himmelen du er." Hatten svingte han i en fin bue, og fem-ørene regnet ned på ham. Han takket gårdens fruer og bukket. Oslo var for oss fra Sinsenkrysset i nord, til Aker brygge (ved Rådhuset) i sør, der Aker mekaniske verksted lå. Galgeberg i øst og Frogner-området i vest. Alt utenfor dette området var "bondelandet" for oss.

Sorte skygger

Sorte skygger var noe som alltid dukket opp når jeg var ute og lekte. De kom alltid i skumringen. Overgangen mellom ettermiddag og kveld. De hadde alltid med en lyd når de for forbi meg - "svisj" hørte jeg. Så var de borte. Det virket som de fulgte med på hva jeg gjorde. Selv når jeg drev med idrett, skihopping og langrenn så var de der. Dette skjedde ofte, men jeg brydde meg ikke om det. Jeg forsto heller ikke hva det var.

På søndagsskolen

På søndagsskolen var jeg hver eneste søndag, alltid ikledd pentøy og slips. Og alltid urolig, ble ofte sendt hjem. Men søndagen etter var jeg på plass igjen, med hvit skjorte og slips. Jeg hadde en sterk tro på Gud, selv om jeg ikke visste hvem Han var. Heller ikke visste jeg at Han hadde en Sønn, og absolutt ikke hva Sønnen Jesus hadde gjort for meg.

Ringerike – et av vikingkongenes områder

Kafe-hjørnet

Min mormor hadde en kafe på Jevnaker, den ble kalt "kafe-hjørnet." Den lå 70 km nord for Oslo. Der var jeg så ofte jeg kunne, og så lenge jeg kunne av gangen. Mormor hadde leilighet i samme bygget som kafeen, det var et ganske stort bygg med full etasje over.

Nå kommer `n snart

Nesten hver kveld etter vi hadde lagt oss sa mormor:" Nå kommer han snart." " Hvem da?" sa jeg." Han som går over gulvet i annen etasje," sa mormor. Å, der kom han! Med rolige, tunge skritt hørte jeg det gikk over hele gulvet. Jeg gikk opp i den andre inngangen som førte til annen etasje, men der oppe var det helt tomt. Mormor sa det var gjenferd av mennesker som hadde vært der tidligere, men jeg så ingenting. Nede på grovkjøkkenet på kafeen var også skyggen, og det samme "svisj" nesten hver kveld. Jeg synes det var ekkelt, men lot det bli med det.

Den lille kvinnen med kniplingskjolen

Mormor fortalte meg om den lille eldre kvinnen i den gråhvite kniplingskjolen. Hun sto ved kjøleskapet i kjøkkenet hver natt. Mormor gikk ofte ut på kjøkkenet for å snakke med henne, men hun ville ikke svare. Da mormor snakket til henne, forsvant hun, men kom tilbake mot midnatt kvelden etter. Inne i selve kafeen luktet det nykokt kaffe midt på natten. Den store kaffekjelen til mormor, gikk fra bord til bord - i luften - og serverte kaffe.

Vikingen Halfdan Svarte og trollkjerringa

Halfdan Svarte hadde en staselig bolig på det høyeste punktet på Jevnaker. Han druknet i Randsfjorden da han gikk igjennom isen på vinteren. Det var mye okkultisme rundt vikingene på den tiden. De skulle jo etter sin død til Valhall og drikke mjød og feste sammen med kvinner. En trollkjerring rev av seg det ene benet, og kastet det utover Steinssletta. Der det landet ble det et lite vann, og de som var syke og drakk av vannet, ble helbredet ifølge sagnet. Historiene var mange om slike forskjellige okkulte hendelser på den tiden. Og det henger kraftig igjen i området. Jeg hadde kun min oppmerksomhet mot det naturlige i den menneskelige verden jeg levde i, selv om jeg hadde mange opplevelser fra en annen verden - som jeg på det tidspunktet ikke ante noen ting om. Den kvelden jeg ble frelst, opplevde jeg igjen skyggen som fulgte etter meg nedover gaten til mitt møte med Herren. Jeg hørte lyden "svisj" igjen.

Saksen klipper
Tre kvelder før jeg ble frelst, skjedde det noe underlig etter jeg hadde lagt meg for kvelden. Kvelden før disse tre kvelder, ba jeg for første gang i mitt liv en seriøs bønn til Gud. Jeg ba: " Gud hvis Du er der – gjør meg da til en kristen."
Kvelden etter, da jeg hadde lagt meg, hørte jeg en saks klippe litt på avstand fra øret mitt. Neste kveld var saksen nærmere øret da den klippet. Den tredje kvelden var saksen helt inne ved øret da den klippet. Kvelden etter ble jeg frelst. Det gikk lang tid før jeg oppdaget vers i Bibelen som beskrev denne hendelsen.

Det står skrevet: "En tretvinnet snor blir ikke så lett revet over." (Fork 4,12)

" Tenk på din Skaper før sølvsnoren slites over, og gullskålen knuses, og krukken blir slått i stykker ved kilden, og hjulet knuses og faller ned i brønnen.
Da vender støvet tilbake til jorden og blir som det var før, og ånden vender tilbake til Gud, som ga den. Tomheters tomhet, sier Forkynneren, alt er tomhet." (Fork 12,6-8)

Det ble så klart for meg at dette var den eneste sjansen jeg ville få til å ta imot Jesus Kristus som min Frelser og Herre. Dagen etter grep jeg frelsen i Kristus Jesus, uten å vite hva det var. Jeg forsto at det hadde med Jesus å gjøre, men det var også alt. Det regnet litt og var halvmørkt da jeg gikk hjemmefra og ned til møtet. Jeg gikk opp trappen og inn i pinsemenigheten Salem, der skulle en kjent sangerinne synge. (Det eneste jeg forbandt med navnet Salem, var en type mentolsigaretter). Skyggen hadde fulgt meg på veien ned til menighetslokalet. Jeg stod bakerst i salen, som var helt full av mennesker. Jeg visste ikke hva som foregikk på slike møter, heller ikke hørte jeg hva forkynneren talte om. Jeg merket det var noe i luften som jeg ikke kunne sette fingeren på, noe jeg kjente tiltalte meg. Det tok lang tid før jeg forsto noe av det hele. Jeg satte meg ned ved siden av to jenter, der var det en ledig stol.

Vil du bli frelst

Pastoren sa: "La oss be." Begge jentene foldet hendene, så jeg gjorde det samme. Det kjentes greit ut. Plutselig kom pastoren bort til meg. "Vil du bli frelst?" spurte han.

”Ja,” sa jeg, uten å vite hva jeg svarte på. Men frelst ble jeg. Jeg følte ingenting da jeg ble frelst, men det kom en visshet over meg om at det hadde skjedd en forvandling i livet mitt. Jeg kjente en kraft hadde kommet inn og det var som en kappe lå over meg. Det var underlig.

Det lyste av gull

Da jeg kom ut av lokalet lyste alle mursteins-byggene i gaten som om de var laget av gull. Det var en underlig opplevelse. Ting begynte å skje som jeg aldri hadde tenkt på, eller ante noe om. Etter en uke hadde jeg allerede bedt for en som var døv på det ene øret. Han fikk igjen hørselen. Jeg så det sto i Bibelen at vi skulle legge hendene på de syke, og når så ble gjort skulle de bli helbredet. Deretter gikk det slag i slag med å be for mennesker til helbredelse og frelse.

Dette ble lagt merke til av ledelsen i menigheten, så jeg ble raskt den som ba for mennesker i «ettermøtene» som de ble kalt. Det var da mennesker kom frem for å bli bedt for, etter talen.

På gater og kafeer

Jeg begynte å forstå noe, da mennesker begynte å rope etter meg på kafeer og stivnet som i transe på gaten, når de kom opp på siden av meg (skriver mer om det senere i boken). Åndens virkelighet og virkninger kom tidlig inn i livet mitt, selv om jeg ikke forsto rekkevidden av det. Denne type opplevelser har bare forsterket seg etter som årene har gått. Når jeg har hatt korstog i byer i forskjellige deler av verden, har veldig ofte den Hellige Ånds autoritet arrestert demonverdenen i vedkommende by. Enten gjennom bare det at jeg har kommet for å ha møter, eller i en direkte konfrontasjon med mørkets makter. Første tilfellet med konfrontasjon med demonene, som hadde bundet en by i Øst-Europa, var i Stara Sagorra (Bulgaria). Det var en typisk slik opplevelse. Jeg kjente øyeblikkelig da jeg ankom byen at den var mørk, det hadde også blitt meg fortalt. Da jeg kom på plattformen og brøt ondskapens makter, kjente alle tilstedeværende at det løsnet. Dagen etter var parken bak sykehuset fylt med over 10 000 mennesker. Frelse, helbredelse og utfrielse fra demoner skjedde i hopetall - og Herrens navn ble lovprist!

Den kvelden jeg ble frelst

Jeg husker godt det øyeblikket jeg ble frelst. Noe mer enn bare den nye fødsel kom inn i livet mitt fra det himmelske, uten at jeg så noe klart på det tidspunkt. Men det begynte raskt med ytringer av en karakter, som helt klart ikke var av meg selv. Jeg var raskt i gang med å be for syke, og med bønn til utfrielse for de som var bundne av demoner. Og jeg registrerte raskt hva problemene kunne være i de forskjellige tilfeller. Jeg hadde ikke så mye bibelkunnskap på den tiden, men tjente bare Herren med frimodighet.

Kontakten med demoner

Tiden gikk og jeg var i skole med Herren intensivt når det gjaldt helbredelse og utfrielse - og begynte å få noe forståelse av den åndelige verden. Etter å ha vært en kristen i tre år, var jeg i full gang med korstog i Afrika. Dette var veldig tidlig, jeg var ikke mer enn 23 år gammel. Det ble en eksplosjon i tjeneste for Herren, også når det gjaldt resultater i frelste, helbredede og utfridde fra demoner. Det var tusener på møtene allerede på første tur i Afrika. Ryktene gikk om at Herren gjorde storverk.

Demoners og englers tilstedeværelse i møtene

Demonene og englenes tilstedeværelse i møtene var ikke noe jeg hadde regnet med, eller tenkt over før de dukket opp. Jeg observerte og lærte. Og gjorde det Bibelen fortalte meg jeg skulle gjøre - i Jesu navn, som en troende på Kristus og Hans fullbrakte verk på Golgata kors. På denne måten har jeg lært å kjenne Kristus og den åndelige verden. Ikke ved å lese litteratur skrevet av mennesker uten personlig erfaring.

Demoner hadde jeg allerede fått noe erfaring med, fra tiden jeg ble frelst og til jeg reiste til Afrika første gang. Her, allerede før første møtet jeg var med på i Afrika, ble jeg angrepet helt uten varsel. Det var sent på kvelden og helt svart ute, som det er i afrikanske landsbyer. Her var ikke noe gatelys. Det var som noen slo av lyset - og svart ble det. En afrikaner gikk til angrep på meg. Og jeg så det i ansiktet hans, dette var demoner, det var det ingen tvil om. Jeg forsøkte ikke med noe utdrivelse der, men kom meg unna så fort jeg kunne.

Da møtene kom i gang ble det demoniske manifestasjoner hver gang.
Afrikanere lever ikke i den materielle overflod som i Vesten, derfor blir fokuset mer den åndelige veien. Det betyr ikke at de har noe mer forståelse av det, men mange har blitt fanget av demonene.

Bundet eller besatt

«I Afrika er så mange **besatt** av demoner», hører man ofte sagt. Det er en uttalelse uten personlig erfaring på området. Mange er riktignok **plaget** av demoner i Afrika, og det er kraftige manifestasjoner av demoner i mennesker, men de er ikke besatt. De er **bundet** i sin personlighet, i sin sjel. Det er noe helt annet. Det å bli **bundet** i sin personlighet/sjel kan skje alle. Derimot **besettelse** i sin ånd av demoner, er en annen historie. Hvis et menneske er **besatt i sin ånd**, så er det fordi vedkommende personlig har **overgitt seg til Satan**. Man har bevisst latt Satan bli ens **herre.**

Det er det samme en troende på Kristus må gjøre for å bli født på ny. Paulus sier:
" Dersom du med din munn bekjenner at Jesus er Herre, og i ditt hjerte tror at Gud

oppvakte Ham ifra de døde, da skal du bli frelst (zoe)." (Rom 10,9)
Det er dette vi ser har skjedd i naturreligionene opp gjennom århundrene. Mennesker har bevisst latt ting bli herre i sine liv, de har **bevisst åpnet sitt indre og overgitt herredømmet i sitt liv til en demon.** Gjør man dette blir man styrt av demonen. I en slik situasjon må man tilfredsstille demonen, hvis ikke blir man plaget hele tiden (mer om dette lenger ut i boken).

Engler

Derimot er det ikke noe jeg har opplevd så mye av som demoner. De har vært på mine møter flere ganger opp igjennom tjenesten for Herren. Første gangen var på min første tur til Afrika. Jeg var i slutten av møtet og var klar til å be for syke og demon-plagede, da engler dalte ned på hver side av meg. De var seks stykker, alle tilstedeværende falt bakover i bakken. Forkynnerne som satt på plattformen, skrek alt de orket, de hadde aldri sett noe slikt før. Den eneste som ikke så englene, men bare fornemmet deres sterke nærvær, var meg! Det har skjedd flere ganger at alle tilstedeværende har sett englene, men ikke jeg.

Det har også vært møter i Norge og i Øst-Europa hvor det har vært storinnrykk av engler. Når 15 000 mennesker ser en engleskare samtidig, skjer det noe. Hele forsamlinger har kommet i opprør. Mennesker har blitt helbredet og utfridd under slike hendelser, ja, de har blitt merket for livet. Det har hendt i mange møter at jeg aldri får forkynt, fordi åpenbaringer og åndelige manifestasjoner fra himmelen skjer.

Det overnaturlige har alltid fulgt meg
Jeg har alltid vært en meget nøktern kar, som absolutt ikke har tatt alt for " god fisk" - men plutselig, uten forvarsel, begynte ekstraordinære ting (i hvert fall for meg) å - hende. Mennesker som er plaget av demoner, vil oppleve at demonene manifesterer seg gjennom dem, i Norge så vel som i utlandet. Til og med på arbeidsplassen på sykehuset begynte det å skje. Jeg ba til Gud om at det ikke skulle være så kraftig på jobben, men det hjalp ikke. Manifestasjonene var der, jeg måtte ta

meg i vare, men fikk allikevel problemer med andre ansatte ved enkelte anledninger. I psykiatrien åpenbarte det seg i pasienter, bare ved at jeg kom inn på rommet.

Erfaringer med menneskers utfrielse fra demoner over hele verden

Jeg har levd hele mitt liv (fra jeg var 19 år) i helbredelsen og utfrielsens tjeneste. Og var helt fra begynnelsen ivrig i forbønn for syke. Derimot så er det med demoner, noe som har presset seg på helt av seg selv, også det fra begynnelsen av. Jeg fant raskt ut at hvis demonene avslørte seg for meg, så var jeg også i stand til å kaste dem ut i Jesu navn. Hvilket heller ikke var lurt å gjøre hvis ikke mennesket som blir utfridd, var villig til å la Jesus bli Herre i sitt liv. Demonene ville raskt komme tilbake i personen, hvis ikke den Hellige Ånd fikk komme inn og få autoritet.

Kapittel 3

Der alt begynte
" Vi har ikke det synlige for øyet, men det usynlige, for det synlige er timelig, mens det usynlige er evig." (2 Kor 4,18)

" Han talte og det skjedde, Han bød og det sto der." (Salme 33,9)

Vi har syv forløsningsnavn på vår Gud i Det Gamle Testamentet. Men det er ett hovednavn på vår Gud, som hele tiden ligger foran de andre navnene, og det er Jehova. Ordet Jehova oversatt fra hebraisk betyr **den evige, selveksisterende som åpenbarer Seg**. I dette navnets betydning får vi en liten forståelse av vår Guds styrke, energi og mulighet – muligheten til å skape alle ting ut av ingen ting. **Den evige, selveksisterende som åpenbarer Seg.**

Satan er selv skapt – han kan dermed ikke skape noen ting.
Han må bruke ut av det som allerede er skapt for å kunne utføre sine planer og gjerninger. Alt Satan gjør er åndelig avsporing.

Ikke mange religioner har en gud å vise til,
natur-religionen inkludert. Men de får kontakt med Satans verden. Idet du begynner **å tilbe** ting, det kan være hva som helst, så **åpner du ditt jeg, din ånd.** Følger du opp invitasjonene du møter i den åndelige verden, blir du bundet - i verste fall besatt. Besettelse krever derimot en hengiven overgivelse til en gud. Mennesker i dagens verden tror ikke det er en åndelig verden, de tror heller ikke at Satan finns. Det passer ham utmerket, for da kan han manipulere dem som han vil!
Tenk alle filosofers teorier og teser som har blitt gjenstand for mye meninger i samfunn og politikk. Alt dette er tanker fra Satan. Mennesker kan ikke skape noe, men vi kan ta imot. Spørsmålet er da, hva tar du imot?
Der er en åndelig verden som vi bør forholde oss til på den rette måte: Jesus må bli Herre!

Kapittel 4

Hvor kommer Lucifer fra?
Bibelen forteller oss at i begynnelsen het Satan Lucifer, han var uten synd og var en rettferdig skapning. Det er skrevet om integriteten og rettferdigheten til den store erkeengelen med disse ord:

"Ustraffelig var du i din ferd fra den dag du ble skapt, til det ble funnet urettferdighet hos deg." (Esekiel 28,15)

Det er vanskelig for oss å forstå at denne onde skapning, som er Guds og menneskets erkefiende, en gang var en hellig skapning. **En vokter av Guds trone!** En som hadde Guds fulle tillit og var gitt stor autoritet, en som gjorde sin tjeneste perfekt og var hundre prosent lydig mot Gud. Han var den salvede kjerub. Gud hadde så stor tillitt til ham, at han ga ansvaret for å vokte himmelen i hans hender!

Skriften beskriver i noen detaljer den originale status for denne opphøyde skapning. Så langt vi vet, hadde han en autoritet som bare var litt lavere enn Gud selv. Han var nestkommanderende i himlenes rike, som Bibelen (i Esekiel) kaller for Guds Hellige fjell.

"I Eden, Guds hage, bodde du, kostbare steiner dekket deg, karneol, topas og diamant, krysolitt, onyks og jaspis, safir, karfunkel og smaragd og gull, dine trommer og fløyter var i fullt arbeid hos deg, den dag du ble skapt, sto de rede.
Du var en salvet kjerub med dekkende vinger, og satte deg på det hellige gudefjell (gudefjellet er himlenes rike), der gikk du omkring blant skinnende stener. Ustraffelig var du i din ferd fra den dag du ble skapt." (Esekiel 28,13-15)

Skapelsens største tragedie
Det som her i tidens tidligste tider skjedde, er skapelsens største tragedie. **Syndefallet** skjedde **først i åndens verden,** ved Lucifers opprør mot Gud Jehova. Det **andre syndefallet** skjedde ved Adam og Eva **i den fysiske verden.** Alt skjer etter de åndelige lover! Først skjer tingene i den åndelige verden, så manifesteres det i den fysiske verden vi ser.

Fallet

La oss lese videre: ”Hvor er du ikke falt ned fra himmelen, du strålende stjerne, du morgenrødens sønn! Hvor er du ikke falt til jorden. Det var du som sa i ditt hjerte: Til himmelen vil jeg stige opp, helt over Guds stjerner vil jeg reise min trone, jeg vil ta sete på gudenes tingfjell i det ytterste nord. Jeg vil stige opp over skyenes topper, jeg vil gjøre meg lik den høyeste. Nei, til dødsriket skal du støtes ned, til hulens dypeste bunn.” (Jesajas 14,12-15)

«Strålende stjerne»

Som vi her ser i Jesaias, betyr Lucifer lysbringer. Det kommer fra en gammel latinsk oversettelse av det hebraiske ordet «helel» (strålende, morgenstjerne). Det fortelles her i Jesajas om Babels konges fall, som igjen kirkefedrene så som en hentydning til djevelens fall. Vi ser her at han som var ment å være i en høy posisjon i himlenes rike, ble Guds og menneskers erkefiende. Han som da en gang var en hellig skapning, en vokter av Guds trone, han hadde Guds tillit - en erkeengel var han med stor autoritet. En stund tjente han Gud i lydighet, var langt fra å være Guds fiende.

Han var den salvede kjerub, som sto utenfor all mistanke. Han hadde Guds tillit i en slik grad **at han hadde himmelrikets trygghet som arbeidsoppgave.** Så langt vi kan forstå, utenom Gud selv, var det ingen som hadde den myndigheten som han hadde. Han var viseregent på Guds hellige fjell, det bibelske uttrykket for dette er himlenes rike.

Kapittel 5

Hva fikk Lucifer (Satan) til å falle?
Hvordan kunne det skje at den mektige erkeengelen, Lucifer, morgenrødens sønn, kunne falle? Falle fra sin opphøyde posisjon og inn i dypet av fordervelse, for å bli mørkets prins? Angående dette dype spørsmål er ikke Bibelen taus.
Lucifer var det perfekte uttrykket for skjønnhet, han hadde personlighet og sjarm, han hadde administrasjonsledelse for hærskarenes Gud Jehova, Skaperen. Mange begjærer oppmerksomhet hvis de har et vakkert utseende. Selv om Lucifer hørte til engleordenen, var han ikke noe unntak for denne svakhet.

"Ditt hjerte opphøyet seg for din skjønnhets skyld, du ødela din visdom på grunn av din glans." (Esekiel 28,17)

Skriften viser at Lucifer utviklet en dårskap rundt seg selv. Litt etter litt tillot han at universets sentrum gikk fra Gud til seg selv. Han ville ikke ha tillatt dette, men allikevel i sannhet en forandring i hans karakter skjedde, det var et uhyggelig og skremmende varsel.

Lucifer ble korrupt på grunn av personlige ambisjoner

Lucifer hadde en sjelden gave. Han var gitt stor visdom og kunnskap, han var betrodd mange av skapelsens hemmeligheter. På grunn av denne unike gave og dens muligheter, hadde Gud gitt ham viseregent-posisjon over hele Sin skapelse. I denne nøkkelposisjonen med sin visdom og høye intelligens, hadde han muligheten for dyp innsikt i universets mysterier. Men det er områder i Guds evige hensikt, som man bare kan komme inn i ved tro og tillit. **Gud alene** forstår alt fra begynnelsen til enden.

”Som er kjent av Ham fra evighet av.” (Apg 15, 18)

Han som skaper er dommeren for hva som er klokt og rett.

”Den som dømmer hele jorden, skulle ikke Han gjøre rett.” (1 Mos 18, 25)

Lucifer, blindet av ambisjoner, valgte å stille spørsmål til Visdommen og den Guddommelige vilje. Ved å gjøre det, gjorde han den skjebnesvangre, avgjørende og tragiske feil.

Hva var det i Guds vilje, som ikke var smakfullt for Lucifer?
Årsaken er ikke skjult for oss. Vi er uttrykkelig fortalt at Satan søkte å sette opp sin trone høyt over Guds stjerner, og gjøre seg lik Gud Jehova.

"Det var du som sa i ditt hjerte: Til himmelen vil jeg stige opp, høyt over Guds stjerner vil jeg reise min trone, og jeg vil ta sete på gudenes tingfjell (Guds rike) i det ytterste nord.
Jeg vil stige opp over skyenes topper, jeg vil gjøre meg lik den Høyeste."
(Jesajas 14,13.14)

Men Gud i Sin evige plan hadde **reservert denne opphøyde plassen**, ikke for Lucifer, men for **Jesus Kristus**. Det er gitt Kristus alene å sitte ned med Faderen på Hans trone!

"Den som seirer, ham vil Jeg la sitte med Meg på Min trone, liksom Jeg også har seiret og satt Meg med Min Far på Hans trone." (Åp 3,21)

Lucifer, selv om han var viseregent, sjefs erkeengel og den salvede kjerub, så hadde han en lavere posisjon en Kristus. Når det ble virkelig for Lucifer at han ikke skulle få den ypperste plassen, da så han sin ambisjon i frustrasjon. Alt falt i sammen for ham. Det var dette som forårsaket opprøret. Det er underlig å se at en skapt værelse skulle utvikle en slik lidenskap for selv-opphøyelse. Saken er ikke mer underlig enn det vi ser i dag. Hodeløst med tøylesløse ambisjoner stuper mennesker inn i en skjebne lik Lucifers. Med vilje.

Lucifers opprør.

Inntil dette tidspunket i historien, hadde Lucifer utført sin oppgave for Gud på den ypperste måte. Det var ingen hensikt for han å gjøre noe annerledes, men allikevel hadde timen kommet da opprøret ble født i hans hjerte. Enda Gud hadde gitt ham alt, med unntak av tronen. Lucifer var ikke fornøyd. Drømmen om det universale kongeriket hvor han kunne få all makt, virket frem en ambisjon inne i ham. Åpenbart gjorde han ingen ting for å motstå ambisjonens tanker: Den uhellige ånd av selvopphøyelse. Han ga full oppmuntring til dette. Stolthetens sæd hadde fått tillatelse til å gro. Den fortsatte å gro, til slutt produserte den en høst av elendighet for ham selv og de som fulgte ham.

"For at han ikke skal bli oppblåst og falle i djevelens dom." (1Tim 3,6)

Kapittel 6

Hvordan Lucifer overbeviste englene til å følge ham

Hvordan fikk han overbevist englene til å bli med ham? Hvilket glitrende løfte kunne han gi dem? Kanskje vi kan forstå dette når vi ser at det onde har et element av villfarelse/forblindhet i sin natur.

"For alle de skal bli dømt som ikke har trodd sannheten, men hatt velbehag i urettferdigheten." (2 Tess2,12)

Ingen vis eller smart person vil leke med ondskap.

La oss se på Jesu uttalelse, hvor vi kan få en forståelse av hvordan Lucifer fikk med seg englene: " Dere har djevelen til far, og dere vil gjøre deres fars lyster. Han var en morder fra begynnelsen og står ikke i sannheten, for sannheten er ikke i ham. Når han taler løgn, taler han av sitt eget, for han er en løgner og er løgnens far." (Johannes 8,44)

Han er en løgner og er løgnens far. Vi kan se Jesu uttalelser i dette verset hvordan djevelen bedro englene. Djevelen står ikke i sannheten, for det er ingen sannhet i ham. Når han taler en løgn, taler han av sitt eget for han er løgner og er løgnens far.

Den største ondskapens virkelighet: De løgnene han taler - tror han selv

Løgnens far taler av sitt eget, han taler løgn. De løgnene han taler, tror han selv. Han tror han har forutsett alt. Når han selv tror egne løgnuttalelser, gjør det ham overbevisende og troverdig i uttalelsene. Det samme skjer i den verden vi lever i dag. På samme måten bedro han og overbeviste englene om hvordan han kunne beseire Gud og bygge en fantastisk fremtid for seg selv og englene i Lucifers rike. **Selv i dag nekter djevelen og hans falne engler å erkjenne nederlaget. De fortsetter å kjempe i desperasjon, selv om virkeligheten om den forestående dom bare må bli mer og mer virkelig for dem.**

"Derfor fryd dere, dere himler, og dere som bor i dem! Ve jorden og havet! For djevelen er faret ned til oss i stor vrede, fordi han vet at han bare hare en liten tid." (Åp 12,12) Tatt i betraktning måten Satan bedro englene på, kan vi sannelig lære noe om hvordan han bedro Eva. Satan benektet dødsstraffen som ville bli igangsatt hvis Eva var ulydig mot Gud. Lite smart tillot hun seg å bli skyldig, ved de ord Satan uttalte. Hun lot seg overbevise til å ta av den forbudne frukt. For sent forsto hun at hun var blitt lurt. Eva og hennes mann, Adam ble forvist fra Edens hage. Det ble satt kjeruber til å vokte inngangen til hagen, så de ikke skulle gå inn igjen og spise av Livets tre og leve evig (i en syndig tilværelse).

"Og Gud Herren sa: Se, mennesket er blitt som en av oss til å kjenne godt og ondt; bare han nå ikke rekker ut sin hånd og tar også av Livsens tre og eter og lever til evig tid." (1 Mos 3,22)

Eva var dødelig og fryktet for døden. Englene hadde ingen frykt for døden, de dør ikke.

”De kan ikke mer dø, for de er englene like.” (Luk 20,36)

Før Lucifers og hans englers fall, hadde aldri ondskap vært i universet - så langt vi vet. Etter de ble kastet ut, fortsatte de likevel å ha sin kraft til å fortsette sitt opprør, like til denne dag. Den fryktelige syndens resultater var ikke visualisert for skapte ”værelser.” Men uten tvil, Gud hadde advart Adam og Eva, og fortalt dem konsekvensene av ulydighet. Likevel hadde de ikke en førstehånds kjennskap til syndens forferdelige **konsekvenser.** Adam og Eva hadde ikke dyp nok tro til Gud slik at de stolte på den absolutte integritet i Guds Ord.

Det er mye trolig at Satan fulgte den samme metoden som han brukte mot Adam og Eva, da han bedro englene. Han broderte ut en brennende visjon om ”friheten” som skulle bli deres hvis de brøt alliansen til Gud. De skulle bli som ”guder” og lage sin egen fremtid. På samme måte som englene måtte ta en avgjørelse, og Adam og Eva måtte ta en avgjørelse. Vi må også ta avgjørelse, om vår allianse er med

Gud eller med oss selv. Menneskers moralske reaksjoner er ikke så store i forskjell til englenes. Begge er påvirket av fristelser.
Menneskets ståsted er litt lavere enn englenes, men en dag skal de forløste i Kristus, bli likeverdige med englene og på en måte bli løftet høyere en dem.

"De er englene like og er Guds barn." (Luk 20,36)

"Vet dere ikke at vi skal dømme engler? Hvor meget mer da i timelige ting!"
(1 Kor 6,3)

Kapittel 7

Timen er inne – Satans utkastelse med englene fra himmelen

"Og det ble en strid i himmelen: Mikael og hans engler tok til å stride mot dragen, og dragen stred, og dens engler. Men de maktet det ikke, heller ikke ble deres sted mere funnet i himmelen. Og den store drage ble kastet ned, den gamle slange, han som kalles djevelen og Satan, han som forfører hele jorderike; han ble kastet ned på jorden, og hans engler ble kastet ned med ham. Og dens stjert drog tredjedelen av himmelens stjerner med seg." (Åp 12,7-9 og 4)

Englene som fulgte Lucifer, er i varetekts evige lenker til dommens dag, så de er ikke det vi kaller onde ånder eller demoner i dag.

"De englene som ikke tok vare på sin høye stand, men forlot sin egen bolig, dem holder ham i varetekt i evige lenker under mørket til dommen på den store dag."
(Judas 6)

«For så sant Gud ikke sparte engler da de syndet, men styrtet dem ned i avgrunnen og overgav dem til mørkets huler i varetekt til dom». (2 Peter 2,4)

Vi ser klart at de falne engler får sin del av straffen med Satan i "den evige ild."

Gå bort fra Meg dere forbannede, i den evige ild, som er beredt djevelen og hans engler. (Matt 25,41)

Jesajas taler spesielt om den første nedkastelsen, eller det originale fallet til Lucifer, morgenstjernens sønn: "Å, hva du er falt fra himmelen, du Lucifer, morgenstjernens sønn! Hvordan du har blitt kastet ned på jorden, det som svekket nasjonene!"

"Hvor er du ikke falt ned fra himmelen, du strålende stjerne, du morgenrødens sønn! Hvor er du ikke falt til jorden, du som slo ned folkeslag. Det var du som sa i ditt hjerte: Til himmelen vil jeg stige opp, høyt over Guds stjerner vil jeg reise min trone, og jeg vil ta sete på gudenes tingfjell (Guds rike) i det ytterste nord.

Jeg vil stige opp over skyenes topper, jeg vil gjøre meg lik den høyeste.
Nei, til dødsriket skal du støtes ned, til hulens dypeste bunn." (Jes 14,12-15)

Vi ser litt videre inn i skriften. "Du var en salvet kjerub med dekkende vinger, Jeg satte deg på det hellige gudefjell (Guds rike), der gikk du omkring blant skinnende stener. Ustraffelig var du i din ferd. Men du ble drevet bort i fra gudefjellet (Guds rike). Ditt hjerte opphøyet seg for din skjønnhets skyld, du ødela din visdom på grunn av din glans." (Esek 28,14)

Han ble kastet ut av himmelen, vi kan forstå det skjedde på grunn av stolthet. Han ble fratatt en opphøyet posisjon.

Vi ser i vers 15: "Det ble funnet urettferdighet hos ham (Lucifer)," men han hadde ennå ikke blitt kastet i sjøen med ild og svovel. Hans nederlag var ikke fullendt ennå. Skriften viser oss at Lucifer på dette tidspunktet fremdeles hadde adgang til Guds nærhet. Vi er fortalt at på en spesiell dag, da Guds sønner presenterte seg for Herren, kom også Satan iblant dem.

La oss lese Job 1,6-9: ”Så hendte en dag at Guds sønner kom og stilte seg frem for Herren, og blant dem kom også Satan. Og Herren sa til Satan: Hvor kommer du fra? Satan svarte Herren: Jeg har faret og flakket omkring på jorden. Da sa Herren til Satan: Har du gitt akt på Min tjener Job? For det er ingen på jorden som han – en ulastelig og rettskaffen mann, som frykter Gud og viker fra det onde.” (Job 1,6-9)

”Men Satan svarte Herren: Mon Job frykter Gud for intet.” (Job 2,3)

Vi ser også i Guds uttalelse her, at Satan ikke lenger var blant de rettferdige englene. Han var ikke lenger var blant de lojale englene. Men **likevel** ser vi at han hadde **adgang til Guds nærhet.** Satan hadde bare en hensikt med sitt nærvær, det var som den anklagende part overfor Guds Hellige. Han ville få Guds oppmerksomhet på sin og demonenes ”triumferende” marsj på jorden.
De fikk være uforstyrret gjennom menneskehetens historie - i hvert fall til Kristi komme.

"Og jeg hørte en høy røst i himmelen si: Fra nå av tilhører frelsen og styrken og riket vår Gud, og makten Hans Salvede; for våre brødres anklager er kastet ned, han som anklaget dem for vår Gud dag og natt."
(Åp 12,10)

Satans stilling i det himmelske har tydeligvis gitt ham en strategisk fordel, til en viss grad. Vi kjenner lite til lovene som regjerer i den åndelige krigføringen i det himmelske. Men vi ser Satan har forberedt et sterkt forsvar, som **ikke** er ugjennomtrengelig. **Det har holdt Gud opptatt i konflikter gjennom århundrer.**

I Daniels bok 10, tas forhenget litt til side, og gir oss **et lite glimt av kampens natur i det himmelske,** som har vart i tusener av år. Det er klart at i dette langvarige engasjementet, kan vi se at Satan har mistet område etter område. Det er ikke sagt mye om dette i Skriften, men noe.
Vi holder oss til Guds Ords skrevne fakta, og ingenting annet. Dette er viktig å få med seg, så vi får en bred forståelse av Gud og Hans virke siden tidenes morgen. Dette gjør oss tryggere, sterkere og mer målbevisste i

vår tro. Paulus forsto og talte om dette opprør som hadde funnet sted i himmelen, da han viste til den tidligere Lucifer, som nå kalles Satan, og beskrev ham som "høvdingen over luftens makter, den ånd som nå er virksom i vantroens barn." (Ef 2,2)
Han sier også at når vi kjemper mot det organiserte sataniske mørke, kjemper vi mot verdens herrer i dette mørke, mot ondskapens åndehærer i himmelrommet. (Ef 6,12)

Satans utkastelse på Golgata
Det var den moralske seieren Kristus vant over Satan på Golgata, som er basis for Satans endelige utkastelse. Det er på grunn av Kristi seier på Golgata at de troende på Kristus Jesus, Hans forsoningsverk og Hans utgytte blod, har autoritet over Satan.

Vi ser klart relasjonen imellom Satans fall fra himmelen og de troendes kraft over demoner:
"Og de sytti kom glade tilbake og sa: Herre! Endog er de onde ånder oss lydige i ditt navn! Da sa Han til dem: Jeg så Satan falle ned fra himmelen som et lyn.

Se, Jeg har gitt dere makt til å trå på slanger og skorpioner og over alt fiendens velde, og ingenting skal skade dere." (Luk 10,17-19)

Disse bibelsteder kan være henvisning til den originale utkastingen av Satan fra himmelen. Det er hovedsakelig assosiert med Herrens personlige seier på Golgata. Der ser vi Kristi ubetingede overgivelse til Faderens vilje, som gjorde det mulig for Ham å overvinne Satans fristelser, og returnere til himmelen fra krigsmarkene. Triumferende!

Den avgjørende tidenes kamp var sikret for evig - i seieren på Golgata.

Det var nå Herren kunne si:
"Nå holdes dom over denne verden, nå skal denne verdens fyrste kastes ut." (Joh 12,31)

"Om dom, fordi denne verdens fyrste er dømt." (Joh 16,11)

Hør Jesu egne ord fra Golgata kors: Det er fullbrakt!

Seieren og uttalelsen henger for evig i atmosfæren, gjennom generasjonene. **Seieren kan ikke tilbakekalles**. Kristus vant den for deg. Satans legale autoritet og kraft som han hadde revet til seg fra Adam og Eva, var tatt tilbake. Kristus beviste at Satans posisjon var absolutt falsk. Kristus besto prøvelsene på Golgata - og vant. Satans falske teologi ble veid og funnet for lett.

Jesu siste avgjørelse: ”Atter gikk Han annen gang bort i Getsemane, ba og sa: Min Far! Kan ikke dette gå Meg forbi, uten at Jeg må drikke det - da skje Din vilje.” (Matt 26,42)

Det sanne og eneste lyset har kommet – for å vare evig.

I Kristi triumferende seier på Golgata, led Satan sitt største nederlag. Som et resultat ble Satans posisjon radikalt forandret. På Golgata ble Satans makt klippet av.

”Da sa Han til dem: Jeg så Satan falle ned fra himmelen som et lyn.” (Luk 10,18) Kampen er omtalt i Åpenbaringen: ”Og det ble strid i himmelen: Mikael og hans engler tok til å stride mot dragen, og dragen stred, og dens engler. Men de maktet det ikke, heller ikke ble deres sted mer funnet i himmelen."(12,7-8)

Dette er konklusjonen og klimakset av kampen i det himmelske. Erkeengelen Mikael er lederen for Guds styrker. Når Mikael går ut i kamp, da betyr det at alle himmelens krefter er engasjert. Vi så det samme med Daniel. I Daniel 10,13 - 21 kommer erkeengelen Mikael, fordi Daniels engel ikke klarte å bryte igjennom. Da erkeengelen Mikael kom, måtte Satan gi seg.

Jeg avslutter dette kapitel med en gjentagelse av Kristi fullkomne seier på Golgata og kjernen i seieren, som er Jesu dyre blod. Blodet kom ned fra himmelen. Det var Guds eget Hellige blod som var i Jesu Kristi årer. Det blodet hadde Han i Sine årer igjennom hele sitt jordiske liv. Det ble aldri noensinne berørt av synden. Dette blodet brakte Jesus tilbake til Sin Far i himmelen, og la det ned på nådestolen. Seieren var evig sikret.

”Jesus, Han som for den glede som ventet Ham, led tålmodig korset, uten å akte vanæren, og nå sitter på høyre side av Guds trone.” (Heb 12,2)

”Men fredens Gud, som i kraft av en evig pakts blod førte fårenes hyrde, vår Herre Jesus, opp fra de døde.” (Heb 13,20)
”Og de har seiret over ham, Satan, i kraft av lammets blod og det ord de vitnet, og de hadde ikke sitt liv kjært, like til døden.” (Heb 13,20)

”Jesus sa: **Det er fullbrakt!”** (Joh 19,30)

Kapittel 8

Hva er demoner?
Menneskehetens fiende nr.1
Demoner er onde ånder som er underlagt Satan, de er med andre ord djevelånder.

"Og jeg så at det av dragens munn og av dyrets munn og av den falske profets munn kom ut tre urene ånder som lignet padder. Det er djevelånder som gjør tegn. De går til kongene i hele verden for å samle dem til krigen på Guds, Den Allmektiges store dag." (Åp 16,13-14)

"I synagogen var det en mann som var besatt av en uren ånd, og han ropte med høy røst: Å, hva har vi med deg å gjøre du Jesus fra Nasaret? Du er kommet for å ødelegge oss, jeg vet hvem du er du Guds hellige." (Luk 4,33.34)

Bibelen sier videre:
"Tyven kommer bare for å stjele, myrde og ødelegge.
Jeg er kommet for at dere skal ha liv og ha overflod." (Joh 10,10)

Her i dette verset går djevelen under navnet tyven. Det blir tydelig forklart hva tyvens hensikt er.

Videre kan vi lese:
"Dere har djevelen til far, og dere vil gjøre etter deres fars lyster. Han var en drapsmann fra begynnelsen og står ikke i sannheten. For det er ikke sannhet i ham. Når han taler løgn så taler han av sitt eget, for han er en løgner, og løgnens far." (Joh 8,44)

Her i disse bibelversene kan vi speile noe av Satans personlighet – stjele, myrde, ødelegge og løgnens far. Disse djevelske egenskaper er da rettet mot mennesket, vi ser at Satan og demoner er menneskehetens fiende.

Denne verdens fyrste

Bibelen taler om at Satan er denne verdens fyrste: "Heretter skal Jeg ikke tale mye med dere. For denne verdens fyrste kommer, og han har ikke noe i Meg." (Joh 14,30)

Han ble denne verdens fyrste allerede mens de første mennesker, Adam og Eva, levde på

jorden. De adlød Satan fremfor Gud, og den vi adlyder blir våre herre.
I 1 Mosebok **sier Gud** at "**mennesket** skulle legge jorden under seg." (1,28) Mennesket ble **jordens herre**. Men da mennesket **ga fra seg dette herredømme,** og overga det til djevelen, **la de seg under djevelen.** Da ble han denne verdens herre. Slik ble Satan denne verdens fyrste.

Daniels bok 10,13: "Fyrsten over Persias kongerike…" (se også vers 19)
Her ser vi at Satan også i Daniels bok går under navnet «fyrsten».

Hvordan åpenbarer Satan og demonene seg?
Djevelen er kun ute etter å bryte ned menneskeheten med sine demoner. Demonene har ikke selv noe legeme. De er ånds-skapninger, som er ute etter å innta menneskers legemer, sjelsliv og åndsliv. Slik at de kan få utført sine onde hensikter og få tilfredsstilt sine lyster.

"Når den urene ånd farer ut av et menneske, går den igjennom tørre steder og søker hvile, men finner den ikke." (Matt 12,43)

Som vi ser er demonene helt avhengige av å bruke mennesker som instrumenter for sine onde gjerninger.

Vår kamp

Bibelen sier at" Gud skapte mennesket i Sitt bilde." (1 Mos 1,27)
Videre sier Bibelen at "Gud er Ånd." (Joh 4,23.24)
Men den time kommer, og er nå, da de sanne tilbedere skal tilbe Faderen i ånd og sannhet. For det er slike tilbedere Faderen vil ha.
Gud er Ånd, og de som tilber Ham, må tilbe i ånd og sannhet."

Mennesket er først og fremst en åndsskapning – på samme måte som Gud er Ånd, og Satan og hans demoner er ånder. Vår virkelige kamp er kampen i den åndelige verden, som igjen gir seg utslag i den fysiske verden.
"For vi har ikke kamp mot kjøtt og blod, men mot makter, mot myndigheter, mot verdensherrer i dette mørke, mot ondskapens åndehærer i himmelrommet. " (Ef 6,12)

Det er forskjellige slags demoner.
Det er de som er ute etter å **besette menneskets ånd**,
de som er ute etter å **binde menneskers sjelsliv**,
de som er ute etter å **undertrykke menneskets tankeliv og følelsesliv** - og de **som inntar menneskets legeme**. De sistnevnte har sykdommens liv med seg.

Djevelens vei til å skade menneskeheten, er enten direkte på personer, eller igjennom mennesker. Som Gud bruker mennesker i rettferdighetens tjeneste, så bruker djevelen mennesker i urettferdighetens tjeneste.

Satan går direkte på menneskets legeme med sykdomsånder, ellers går all hans aktivitet igjennom følelser og tanker. Enhver tanke gir en følelse og enhver følelse gir en tanke. Her går Satans angrep via åndstanker og følelser fra Satan.

Kapittel 9

Noen av mine erfaringer fra arbeidet for Herren i åndens verden

Den skjulte verden

Jeg ble frelst februar 1973. Da det skjedde, kom det noe mer over meg enn det at jeg ble født på ny og døpt i den Hellige Ånd, uten tungene. Tungene kom en måned senere. Flere år senere forsto jeg at det var denne himmelske støtten jeg var så avhengig av i tjenesten, som kom over meg i gjenfødelsens øyeblikk.

Dagen etter at jeg ble frelst, begynte jeg å be for syke - på en underlig måte. Uten kunnskap om saken, begynte jeg å be for mennesker til utfrielse fra onde ånder. Jeg ante ingenting om dette, men det fungerte likevel. Det begynte forsiktig. Da jeg hadde vært frelst i 1 år, var jeg nesten ferdig med bibelskolen "Troens Bevis Bibel- og Misjonsinstitutt" i Sarons Dal, som ble grunnlagt og drevet av evangelist Aril Edvardsen. Der kom jeg mer og mer inn i oppgavene Gud hadde for meg: Menneskers frelse, helse og utfrielse.

Tre kvelder - pluss en kveld.
Vinteren 1974, på bibelskolen i Sarons Dal, opplevde jeg noe merkelig. Fire kvelder etter hverandre, da jeg gikk fra skolebygget opp dit jeg bodde (som var underetasjen i rektorboligen), opplevde jeg at det var noen som fulgte med meg. Den fjerde kvelden jeg kom inn på rommet og gjorde meg klar for natten, skjedde det noe. Mens jeg satt på sengekanten, åpenbarte det seg en skikkelse som sto og kikket på meg ved døren. Det var en skikkelse i manns størrelse med lang, mørkebrun, lodden pels. Den sto og stirret på meg. Dette var første gang jeg så en demon, det var ikke en fysisk skikkelse som kunne tas på, men den så slik ut. Jeg befalte den å gå, og ropte på Jesu blod, men den bare sto der helt urørlig. Jeg sto oppreist og kikket tilbake på den, plutselig ble den borte. Etter dette, samme sene kveld, hadde jeg et syn som varte over en time. (Jeg skriver ikke noe om det her nå, for det passer ikke helt inn i det vi nå snakker om.) Demonen ville skremme meg, fordi han skjønte hvilken oppgave jeg var på vei inn i. Han forsto det mer enn meg. Glem aldri at den suverene seieren i Kristus - er vår i Jesu navn!

De døve hører
Hørsel tilbake til døve, var det første jeg opplevde som kristen. Dette begynte å skje bare noen uker etter jeg ble frelst, og har fulgt meg siden den gang.

"Men da Jesus så folket løp til, truet Han den urene ånd og sa til den: Du målløse og døve ånd! Jeg byr deg: Far ut av ham, og far aldri mer inn i ham.
Da skrek den og slet hardt i ham, og for ut av ham. Og han ble som død, så de fleste sa: Han er død. Men Jesus tok ham ved hånden og reiste ham opp, og han stod opp. " (Mark 9,25-27)

Jeg vil gjerne ha dette som en start på denne delen av boken, slik at vi forstår at sykdommer er demoner, eller onde ånder, urene ånder. Alt vi forholder oss til i livet er av åndelig karakter og styring. **Alt på jorden** - i den tredimensjonale verden, **den fysiske verden - styres fra det usynlige.** Fra den skjulte verden (for det menneskelige øyet), den åndelige verden.

De falt i gulvet alle sammen
Jeg husker tirsdagsmøtene på "Ten Centeret" i Totengata (Knivstikkergata) på Kampen/Galgeberg, der jeg hadde de fleste ettermøter. De forsto at Herren hadde lagt noe på meg. Jeg hadde bare vært kristen noen måneder på dette tidspunkt, i 1974. Det var en del som ble helbredet også over telefonen i den perioden. Men der på «Ten Centeret» ba jeg ofte for mennesker til dåpen i Den Hellige Ånd. Alle som var til stede falt i gulvet under den Hellige Ånds kraft, rundt 20 stykker lå der utover gulvet. Dette var ukjente opplevelser for alle den gangen. Men tidligere i historien ser vi at det har skjedd.

Store flammer av ild oppover veggen
Ved en anledning så vi også flammer av ild oppover hele den ene veggen under bønn. Dette var manifestasjoner av Den Hellige Ånd. Det hadde ingen praktisk betydning, men Herrens nærvær var der. Ja, er det ikke det vi trenger i full styrke nå?

Gipsen, løgnen og fryktens ånd
Sommeren etter var jeg i Haugesund og Stavanger (etter en kort misjonstjeneste i

Antwerpen, Belgia). Der i Haugesund og Stavanger kom jeg et stort skritt videre i tjenesten for dem som var plaget av onde ånder. Den første som ble satt fri, var en voksen mann i Haugesund. Jeg kunne se frykten i øynene hans og hele hans atferd. Han hadde gipset venstre arm - og den gipsen hadde sittet på et helt år! Av frykt våget han ikke å ta den av, han trodde at armen var råtnet opp under gipsen. Det luktet forferdelig av ham på grunn av dette. Han hadde med seg en sprayflaske med god lukt som han sprayet på, så lukten ikke skulle kjennes. Etter å ha ledet ham til Kristus, var det fryktens tur. Jeg forsto at nøkkelen til hans frihet var fra løgnens ånd, som fortalte ham at armen var råtnet opp. Dette hadde igjen fått ham bundet av fryktens ånd.

Vi ble enige om at jeg skulle fjerne gipsen inne på badet med lyset slukket. Han våget ikke å se på, så dette ble løsningen. Som sagt så gjort. Jeg tok av hele gipsen der i mørket, og da den var fjernet slo jeg lyset på og løftet armen hans så han fikk se. Men han lukket øynene og nektet å se. Etter en stund åpnet han øynene likevel og så på armen – den var helt i orden! Da forlot løgnens ånd og fryktens ånd ham. Jeg avsluttet utfrielsen med en besegling av friheten i Jesu navn. Her var det ikke nødvendig med voldsomme bønner, men rett og slett en avsløring av Satan og en aksept av det. Da var friheten et faktum. Jeg lærte tidlig at utfrielse fra onde ånder kan skje på mange forskjellige måter under Den Hellige Ånds påvirkning, i Jesu navn.

Utdypning
I dette tilfellet var det ikke behov for utdrivelse av demonen, den ble avslørt da sannheten ble åpenbart, og den gikk. Personen må selvfølgelig i ettertid bli bevisst i **Herrens virkelighet**, og gjennom Hans Ord angående saken, holde seg til det. Hvis ikke kommer demonen tilbake, gjerne i en annen forkledning og inn på et annet svakt punkt.

Satantilbedere i Stavanger
Her kom jeg første gang i kontakt med satantilbedere. En ung kvinne som hadde vært i et satanistmiljø der i byen i noen år, kom til meg. Hun sa hun hadde vært satantilbeder og ønsket å bli fri fra det.

Dette igjen var en helt ny opplevelse for meg. Vi ble enige om å møtes på en parkeringsplass samme kveld. Dette var på høsten 1975, mørket hadde satt inn, jeg kom til parkeringsplassen.

Flammeringen

Det var lite biler på parkeringsplassen - og helt stille. Plutselig dukket den unge kvinnen opp og jeg gikk bort til henne. Uten varsel kom en flammering rundt henne og meg! Den hadde en radius på rundt 4 meter ut fra der vi sto og var 30 cm høy rundt det hele. Vi var på en måte fanget innenfor denne flammesirkelen!

Jeg forsto at Satan forsøkte å nå meg med frykt. Men jeg befalte flammeringen å forsvinne i Jesu navn, og den forsvant øyeblikkelig!

Vi gikk av sted til et lokale hvor en venn av meg ventet, og vi skulle be for kvinnen der. Dette var første gang jeg skulle gjøre det. Jeg gikk rett på sak og befalte de onde ånder å komme ut. Kvinnen falt øyeblikkelig i gulvet og talte fremmede språk. Jeg gjenkjente noen av de forskjellige språkene hun talte. Satan prøvde å slite meg ut ved å si at han gikk, men så var han der likevel. Men vi ga ikke opp. Så etter noen timer var kvinnen fri.

Utdypning

Her ser vi spesielle overnaturlige ting manifestere seg. Flammeringen var en helt konkret og spesiell manifestasjon, som lett går i Jesu navn. Dette er manifestasjoner som ikke er i mennesket, men utenfor. Derfor er den enklere å ta hvis den som utfører saken er grunnfestet i Ordet, i Ånden, lever overgitt til Kristus og lever i erfaringen av det overnaturlige. Gjør man det, så kjenner demonene vedkommende personer og **Kristus i dem** - og går. Saken er jo å leve et overgitt liv i en levende tro til Kristus. Demonen pyton i kvinnen med spådomsånden, visste at slaget var tapt, men ønsket kun å vise litt profil. (Som da jeg var på Zanzibar: Demonene i heksedoktorlederen på Zanzibar, ble meget overrasket. De hadde ikke regnet med å få Kristi kraft rett inn i det dypeste rommet for demonene på øya),

Fremmede språk

Vi vet at i psykiatrien er det mange forskjellige uttrykk på psykiske lidelser. En

av dem er **schizofreni.** Her oppleves at personen kan ha flere personligheter. Hver av dem kan åpenbare seg med sin egen type adferd, personlighet, språk og lyd. Det er også mange andre psykiske uttrykksformer igjennom pasientene. Jeg har arbeidet i mange år i somatisk og psykiatrisk. I innkomst- og utskrivelsesmøter med psykiatriske pasienter, er vi alltid lege, psykolog og sykepleier.
Disse usynlige sykdommer er et mysterium innen psykiatrien. Det gjøres så godt som det er mulig for å mildne ned uttrykkene av den psykiske lidelse for pasienten, men med små resultater. Disse pasienters liv er en lidelse. Det er helt klart å se at Guds visdom, grunnlagt på det skrevne Guds Ord, er den eneste løsningen her. Det kommer ofte frem i møtene med pasientene. Det gir klarsyn og enkelhet når man ser det hele fra Guds side. Ved mange anledninger på sykehuset oppleves manifestasjoner av demoner. Jeg ser uten tvil at det er demoner som er årsaken. Det være seg blant schizofrene og psykiske lidelser. Det kom også klart til utrykk i kvinnen som var aktiv satanist i Stavanger.

Satantilbederne: De døde får liv

Da skjedde det neste. Plutselig kom flere menn inn døren og sa med monoton stemme: De døde får liv. Da reiste kvinnen seg opp og løp bort til dem, og de gikk av sted sammen. Jeg ventet litt, men gikk så etter, og tok dem igjen litt lenger nede i gaten. Da sa en av satantilbederne: "Har du ild?" Jeg svarte ikke på hans spørsmål, men la hånden på kvinnen. Hun falt rett i bakken. Da løp satantilbederne! Jeg løftet kvinnen opp. Siden den dagen har denne kvinnen vært frelst.

På radioen

Det ble mange slike opplevelser på denne tiden. Jeg ble ledet fra oppgave til oppgave. En gang sto det en dobbelside om satantilbedere i avisen VG. Etter å ha lest artikkelen, snakket jeg med en lokalradio i distriktet hvor satanistene holdt til. Jeg fikk komme på luften og prate om dette, og gikk ut direkte med en kraftig advarsel til satanistene om det de holdt på med. Jeg hørte ikke noe fra denne satankirken som da var i Halden, men det kom i hvert fall klart og tydelig ut på radio, så alle kunne høre om det.

Mitt første møte med Satan og onde ånder i Afrika

Nå hadde jeg vært frelst i 3 år og var bare unggutten. Men allerede hadde Herren undervist meg mye gjennom praktiske erfaringer og studier av Bibelen, om helbredelse og utfrielsestjeneste. Så på en måte var jeg litt forberedt for mitt første møte med Afrika. Det første møtet i Afrika hvor jeg skulle tale var i Meru, Kenya, i 1976. Dette ble starten på min verdensvide tjeneste, som ikke stopper før jeg reiser hjem til Herren - eller Han kommer igjen. Jeg gikk ut på plattformen, det var rundt 1000 mennesker til stede. Jeg hadde laget en liten preken jeg kalte " Kraften i Guds Ord." Jeg talte så godt jeg kunne. Etter talen ba jeg for alle syke på en gang. Da, uten varsel, begynte de onde ånder å manifestere seg i mennesker rundt i folkemengden.

Mange ble **fri** bare ved å **være i Den Hellige Ånds nærhet.** Og nær en **tro på den kraften** som er i Den Hellige Ånd, på grunn av hva **Kristus** gjorde for oss på Golgata. Det er visse ting som må være på plass for at manifestasjonene og reaksjonene fra Satan og de onde ånder skal

komme: **Aktiv tro på det fullbrakte verket Kristus gjorde, er nøkkelen til Den Hellige Ånds tilstedeværelse og manifestasjon.** 3 år tidligere hadde ikke frelsen (eller et liv som dette) vært i min tanke i det hele tatt. Livet mitt hadde sannelig blitt nytt!
Etter dette første møtet ble det mange møter rundt om i Øst-Afrika i en hel måned. Over alt skjedde det samme, de onde ånder kom ut uten at jeg la hendene på mennesker, eller ba spesielt for dem. **Troen på Den Hellige Ånds krafts nærvær og Guds Ord, Bibelen, brakte resultatene.** ”Grunnfestet og rotfestet i Meg” ble bare sterkere og sterkere gjennom personlig erfaring av at **Bibelens løfter fungerer.** I et av møtene med rundt 400 mennesker til stede, ba jeg en bønn for alle under ett. Da falt hele forsamlingen til bakken og onde ånder kom ut av mange plagede. Her kom også de første engleåpenbaringene, som det også har vært en del av. Nå hadde jeg begynt å oppleve noe av det Det Nye Testamentet taler om. Og jeg var klar for mer.

Utdypning
Dette er en mer standard åndelig opplevelse ved **proklamasjonen av Jesu forsoningsverk.** Da kommer gjerne demonene ut før jeg begynner å tale. Det er ikke en demon som kan stå seg imot Jesu Kristi forsoningsverk! De må ut - selv om de ikke vil. De er som små barn, de vil ikke gi seg, enda de vet de må.

India via CCCP (Sovjetunionen)
Etter vellykkede dager med bibelsmugling til Moskva under Bresjnev og KGB`s styre, gikk veien til India. Vi landet i New Dehli, men fløy samme dag videre til Bombay (som nå heter Mombay). Dette var min første tur av mange til dette fantastiske landet. Det var noe godt over nasjonen, samtidig som man opplevde at det var onde ånder som fulgte med en. I det ene templet jeg besøkte i Bombay, kom de demoniske kreftene over meg sterkt og strammet som et bånd rundt hodet mitt. Det ble strammere og strammere. Jeg kom meg ut av tempelet i full fart - og priste Herren for seier over de onde åndene - og det slapp taket. Satan var tydeligvis ikke glad for min inntreden i denne verden.

Nå gikk veien videre med fly til Mangalore, lenger syd i India. Her ble det mye møter, helbredelser og utfrielser. Helbredelsene startet da jeg inviterte syke til mitt hotellrom. Besøkene lot ikke vente på seg. Mennesker kom, ble frelst, løst og helbredet. Ryktene gikk og nye møter ble satt opp.

Den store slangen i oljefatet

En kristen indier kom på hotellet og spurte om jeg kunne bli med ham hjem og be for hans mor som hadde en stor kreftsvulst i magen. Jeg ankom sammen med denne broderen til et fattig område. Moren bodde i et falleferdig murhus med ett rom. Utenfor sto et tomt oljefat. Jeg la merke til det da jeg kom. Moren var liten og tynn og lå på en treplanke som da skulle være seng. Det var bare et gammelt pledd på planken. Kvinnen hadde store smerter, og jeg gikk rett på sak og la hånden på magen hennes og befalte sykdomsånden å komme ut i Jesu navn. Sykdomsånden forlot kvinnen øyeblikkelig! Den store svulsten forsvant! Kvinnen sto opp sa at alle smerter også var borte. Hun gikk ut og vasket seg og var så glad! Etterpå snakket vi og ba litt i sammen

før vi sa farvel. Dette er fantastisk, utrolig og sant: Da jeg forlot huset så jeg på oljefatet igjen, men nå lå en stor slange på rundt
2 meter der, en tykk stor slange. Jeg tenkte, var det hit sykdomsånden med kreft forsvant?

Da de demonbesatte samlet seg bak plattformen

Dette var første gangen jeg opplevde det, i 1977. Siden har det skjedd omtrent på alle møter over hele verden. Mens jeg sto og talte, merket jeg at noe skjedde bak meg. Der hadde de demonbesatte samlet seg. Jeg tok da et avbrekk i talen og pratet litt med de demonbesatte for å finne ut hvordan stillingen lå an. Jeg ga noen instruksjoner, befalte demonene å komme ut i Jesu navn. Og de kom ut. Jeg fortsatte på talen og gjorde så alt som måtte gjøres i slutten av møtet, med forbønn for syke og bønn om utfrielse for plagede som ville gi sine liv til Jesus Kristus.

Utdypning

Demonbesatte og bundne av demoner (som det er absolutt mest av) samles alltid. De tiltrekkes av den Hellige Ånd. Det er en underlig ting. Demonbesatte og bundne kommer med trusler, men de kommer også med ros og skryt. De er veldig ofte helt forvirret, men prøver ved hjelp av frykt å få et overtak. Husk, det er **vi** med **troen på Kristi kraft som har seieren – alltid!** Det er rart å se at ånd kaller på ånd, selv om den ene er Satan og de onde ånder. Vanndyp kaller på vanndyp. (Salme 42,8)

De to forskjellige typer heksedoktorer
Den ene typen er den som driver med urtemedisin og leser sine besvergelser over det. Det er hva jeg kaller "light-doktoren." Den andre typen er av litt tyngre kaliber. Det er de som lever i naturreligionen hvor de tilber stokk og stein, bokstavelig talt. Når de tilber, åpner de sitt indre menneske, sin ånd, for andre makter. Og Satan og demonene introduserer seg selv for dem og de blir besatt. Husk: Det er bare **oss** med vårt **viljeliv** som kan slippe noe inn i vår ånd! **Vil vi ikke** ha noe inn der, så kommer det **ikke** inn. Du bestemmer.

Besettelse, bundethet og undertrykkelse
Her snakker vi om besettelse (sette seg) i menneskets ånd, ikke bundethet i personlighet/sjelens område, hvor manipulasjonen av tanker og følelser er. Heller ikke i området for undertrykkelse, som er angrep utenfra mot sjel/personlighet. En sykdomsånd er igjen en litt annen variant, her er det snakk om en besettelse/infiltrasjon av legemet fra yttersiden og inn.

Sitron med pinner i
Djeveltilbedende heksedoktorer har mange forbannelsesvarianter som tar livet av mennesker. Jeg nevner her en som viser vår suverenitet i Kristus Jesus. Han er den som har seiret for evig over Satan og de onde ånder. Paktens blod, Jesu dyre blod, er vårt pakts blod som viser den evige seier Kristus vant for dem som har Han som Herre i sine liv.

Når heksedoktorer vil ha noen eliminert/drept bruker de noen ganger denne metode: De stikker 6 pinner inn i en sitron og legger den utenfor huset til den de vil drepe. Så leses det besvergelser over sitronen, sitronen løfter seg fra bakken og begynner å sirkle rundt huset hvor offeret bor. Sitronen kan ikke gå inn i huset, den venter til offeret kommer ut. Da skyter den fart og dytter bort i vedkommende og personen faller død om. Dette har også vært forsøkt mot misjonærer. Sitronen har skutt fart mot misjonærene, truffet dem og falt til bakken. Misjonærene merket ingen ting, bortsett fra at de så en sitron på bakken med pinner i! Det er **seier i Jesu Kristi blod for oss, når Jesus er vår Herre.**

Utdypning
Har man vandret i Herrens nærhet og tjeneste noen år, så blir man som Salmene sier det så flott: "Av barns og diebarns munn har Du grunnfestet en makt for Dine motstanderes skyld, for å stoppe munnen på fienden og den hevngjerrige." (Salme 8,3) Lever vi og **vet** at vi lever i Herrens nærhet, **tror** det så sterkt at vi **vet**, så blir det som sagt også beskrevet i våre liv.

Brev fra (og oppmøte av) heksedoktorer
Jeg nevnte litt tidligere i boken om besatte som samlet seg bak plattformen. Noe annet som også alltid skjer er at heksedoktorer

kommer på møtene. De holder seg på lang avstand, eller oversender meg brev via mellommenn. Brevene blir levert der jeg bor, eller rett til meg på plattformen i møtene. Mine medarbeidere har fått stukket til seg mange slike brev. Dette er en underlig sak, men slik er det, ondskapens åndehær trekkes dit Åndens kraft åpenbarer seg.

Morrogorro

Da jeg ankom Morrogorro sent på kvelden 2 dager før møtekampanjen skulle holdes, kjente jeg at ved innkjøringen til byen på venstre side var det en åndelig aktivitet. Jeg sa til Terje, min medarbeider: "Sving inn her. Her er noe på gang." Dette var før vi hadde ankommet byen. Vi svingte av, kjørte bortover en humpete jordvei og kom rett inn på en gravplass. Det var helt svart ute, og sent på kveld. I Afrika er det som når noen slår av lysbryteren klokken 18. Vi gikk ut av bilen og ble veldig overrasket over hva vi så. Voodoo hadde et sterkt feste i denne byen og hadde kontroll der, det hadde vi forstått. Plutselig, mens vi sto der, ble vi omringet av afrikanere. De dukket opp som fra intet. De ville angripe oss fysisk, men vi

gikk rett imot dem. Da roet de seg ned og gikk til siden så vi kunne gå inn i bilen og kjøre videre.
Jeg kjente det så sterkt, at nå var kampen om byen i gang. Vi var klare. (Jeg skriver mer om voodooens marsj gjennom Afrika, fra Benin til Zanzibar og videre til det Karibiske hav i Mellom-Amerika, i en annen bok).

Utdypning
1 Peters brev 1,19: "Og dess fastere har vi det profetiske ord, som dere gjør vel i å akte på som på et lys som skinner på et mørkt sted." Herren er med oss, men det betyr ikke at vi slipper unna alle vanskeligheter. Bibelen sier det så klart: De som vi følge Meg, SKAL bli forfulgt. **Har vi ikke kommet til dette punktet av overgivelse i våre liv, får ikke Herren brukt oss.** Derimot kan vi lure oss selv hvis vi møter på demoner likevel, da blir det dårskap i stedet for tro og Satan kan komme inn på oss. Da kan vi bli bundet i stedet. Dette er det mange som har opplevd. Da blir livet en usunn kristen livsstil som ikke blir til Herrens ære. **Full overgivelse til Kristus er nøkkelordet.**

Vannflom

I Morrogorro sto 3 heksedoktorer på god avstand fra korstogs-plassen. De hørte talen min til de tusener fremmøtte. En av mine medarbeidere gikk over til dem og de ga ham en trussel som skulle overbringes meg. Det var: "Hvis den mannen ikke stopper å tale, vil vi la en flom komme over hele området, alle vil drukne i vann." Jeg fikk beskjeden og fortalte den til folkemassen. Da ble det helt stille. Byen var i kontroll av 7 heksedoktorer som bodde på fjellet bak oss. Dette viste Gud meg i et syn natten før møtet, så jeg var ikke overrasket. Jeg sa til folket: "Ja, det kommer en flom i kveld, men det er en flom av Den Hellige Ånds kraft til frelse, helbredelse og utfrielse fra ondskapens åndehærer." Så gikk jeg inn i avslutning av møtet og det brøt igjennom til full seier! Alle ville ha amulettene og besvergelsene gjort maktesløse i sine liv, i familien og i sine hus.

Utdypning

Mange kristne har en sterk teoretisk tro på Herren, den faller i første sving når en konfrontasjon møtes. Jeg husker en kristen som absolutt ville reise til India på misjon.

Jeg hadde allerede reist der i mange år og mye angående mine reiser og opphold der var vel kjent. Vedkommende skulle dra av sted og forsøke det samme. Men saken er - i Guds rike prøver vi ikke, vi **tror med overbevisning** i vårt hjerte. Vedkommende kom raskt hjem igjen fra India og måtte på et lengre opphold på en psykiatrisk klinikk.

Bibelen sier: "Alt det som er født av Gud overvinner verden, og dette er den seier som har overvunnet verden, vår tro." (1 Joh 5,4)

La det seirende livet bli født, vokse og komme til modenhet.

Hus-rensing og brenning av amuletter
Jeg ble enig med de fremmøtte at vi skulle ha en" hus-til-hus-rensing". Alle hadde amuletter fra heksedoktorer hengende over inngangsdøren. Jeg og teamet tok runder og renset opp, ba og fjernet og brant amuletter på bål i Jesu Kristi navn. Et sterkt feste i åndens verden over byen var brutt. Folk over hele byen begynte selv å ta ned amulettene med besvergelser som de hadde over husdørene.

Utdypning
Det er ikke bare i den tredje verden man trenger å få renset husene for avgudsamuletter. Det er like mye i den vestlige verden, men av en litt annen karakter. Det er mange ting som kan binde oss, hindre oss, og det åpner døren for demoner. Det kan være såkalte uskyldige ting. Men at det ødelegger for våre liv, er helt klart at det gjør. Vi må forstå at der er en åndens verden rundt oss hele tiden som ønsker å komme i posisjon for å ødelegge oss.

Satan og demonene vet de har tapt, men gir seg ikke
De vet de har tapt, men gir seg ikke. De er som barn i trassalderen som tror de kan gjøre det de vil, men vet de ikke kan. De sier "jeg vil, jeg vil, jeg vil." Men den går ikke, Jesus Kristus har seiret for oss. Hele åndeverdenen skjelver hver gang en gjenfødt troende av Kristus Jesus står frem i tro med Åndens kraft. Herren vil vi skal bli mer familiære med den åndelige verden. En ting er å ha kunnskapen om det. Men det er **den personlige kjennskapen,** gjennom utfordring og **overgivelse,** som gjør at man

med trygghet kan bruke de redskapene som Herren har gitt oss i Sitt skrevne ord Bibelen. Det er mange som prater om å ha det ene eller det andre uten at det finnes noen hold i det de sier.
Men de som **Kristus er hele livet for** - og ingenting annet – vil få personlig kjennskap og erfaring. Et liv, ikke bare med prat om et overgitt liv, men med et overgitt liv som andre vil se og forstå. Ord er billige, det er livet som må gis. Det tar lang trening og forståelse i bønn for å komme til dette punktet, men det er mulig. Dette kan dere lese om i boken min – **Be igjennom - bønn på dypet.**

Kvinnen med spådomsånden på Likoni Island
Jeg var på vei ned til ferjen fra Likoni Island i Øst-Afrika inn til Mombasa. En kvinne sto på en høyde 20 meter unna og ropte gang etter gang, alt hun orket: "Halleluja, halleluja, her kommer den høyeste Guds tjener." Jeg gikk bare videre, men det var en opplevelse å minnes. Dette var akkurat det samme som Paulus opplevde med spådomskvinnen i Filippi, Makedonia. Hun ropte etter Paulus: "Disse

mennesker er den høyeste Guds tjenere, som forkynner dere frelsens vei." (Apg 16,16.17) Denne spådomskvinnen plaget Paulus i flere dager. Til slutt ble han lei og bød da ånden å komme ut i Jesu Kristi navn.
I mitt tilfelle så jeg ikke mer til kvinnen etter å ha gått på ferjen, så det var ingen grunn til å gjøre noe i forhold til henne.

Utdypning
Jeg opplever ofte at demonene reagerer på meg i det daglige, men jeg kan ikke gå på og kaste ut demoner fordi om de reagerer. Det er bare slik det skal være i et normalt kristent liv.

Zanzibars ledende heksedoktor
Jeg dro for å møte denne heksedoktor-kvinnen, det var avtalt tid for dette møtet. Da jeg ankom med filmkamera skjult i vesken og linsen ut, ble jeg tatt imot av 2 livvakter. Dermed fikk jeg ikke filmet som planlagt, for de fulgte med meg hele tiden. Besøket ble derfor ikke som først tenkt. Jeg kom inn i huset til heksedoktoren med livvaktene hengende på slep, og tenkte at jeg i hvert fall måtte få frem en

demonstrasjon av hvilken makt som er tilstede i hennes demoniserte bolig. Jeg rakk hånden ut imot kvinnen for å hilse. Da ble hun øyeblikkelig stiv i blikket og rygget bakover. Jeg gikk etter, kvinnen som fortsatte å rygge opp imot veggen, og tok fortsatt noen forsiktige skritt mot henne. Og livvaktene fulgte med. Heksedoktoren rygget videre langs veggen, så lenge jeg skrittet fremover. Det var ikke noe hensikt i å bli lenger der i huset, så jeg sa farvel og kom meg forbi livvaktene og vekk. Det ble i hvert fall en demonstrasjon av Herrens allmakt i heksedoktorens hus som ville skape forandringer. Ikke til Satan og demonenes beste.

26 Bitt av demoner i Romania
Jeg hadde hatt møter en hel uke i Sala Polivalenta, Bucaresti, hvor jeg var første mann inn med evangeliet etter diktatorens fall i nasjonen Romania. Mitt første besøk der var 3 dager etter diktatoren og hans hustru ble henrettet. Jeg satt i møter med kriseregjeringen i Utenriksdepartementets bygg i 2 dager.
Men tilbake til møtene i Sala Polivalenta, som var 2 måneder etter møtet med

regjeringen. Etter en uke med møter kom nå søndags formiddagsmøte og da med et påfølgende avslutningsmøte på kvelden. Hele uken hadde idrettsarenaen vært fylt med mer enn 15 000 mennesker kveld etter kveld. Nå var jeg klar for det nest siste møtet.
Jeg våknet ved 7-tiden på morgenen og badet i svette og hadde høy feber. Jeg var i elendig form. Kjente også veldige smerter i hele venstre overarm. Jeg snudde hodet for å se hva det var, og så hele overarmen var blå-rød. Det var flere store bitemerker av menneskettenner. Det kunne tydelig ses at det var menneskebitt. De andre som bodde i leiligheten så det også. Demoner har ikke noe legeme, så de søker alltid etter legemer de kan gjøre sine gjerninger igjennom. Her var tydelig en demon eller flere i et menneske som hadde klart å gjøre dette imot meg i løpet av natten. Det virker nesten umulig at det kunne ha blitt gjort gjennom stengte dører og uten at jeg våknet, men det skjedde. Det lå en åndelig dimensjon bak dette angrepet, det var årsaken til at det kunne skje. Demonene hadde brukt et menneske. Hvordan de fikk det til, vet jeg ikke, men de gjorde det.

Jeg ba de andre i teamet reise og klargjøre møtet, og sa jeg ville komme etter. Måtte bare komme, det var jeg som skulle tale - og 15 000 mennesker ventet! Var gjennomvåt av svette og tvang meg selv inn i dusjen. Sjåføren min sto tålmodig og ventet i over en time på meg. Da vi kom opp til møteområdet, strømmet mennesker til. Jeg kom meg inn på baksiden og etter hvert opp på plattformen.
På dette møtet, foran 15 000 mennesker - satt jeg på en stol og talte! Jeg var så dårlig. Men mennesker ble helbredet, løst fra demoner og frelst i stort antall! Mennesker strømmet frem og tok tak i skoene mine der jeg satt på plattformkanten. Ingen ble bedt om å komme frem, de bare kom med de syke som ble helbredet da de berørte skoene mine. Det er var ikke jeg som gjorde det, men Herren! Vi er bare mennesker, men med livet i Herrens hender. Og med livet i Hans hender kan Han få brukt oss i sin guddommelige, evige plan. Ting skjer ofte på måter vi ikke en gang tenker på.

På offeralteret med hinduprestene i Modabidri, India.

Der i byen var det ingen kristne, alle var hinduer. De som hadde hjulpet meg med å få i gang møter, var hinduer, som etter hvert også ble frelst. Denne kvelden var jeg på vei ned til den store hindufestivalen hvor titusener av hinduer samles.

Hinduasketer

Hinduasketer slår tykke trepinner igjennom leggene. Andre asketer får store kroker igjennom rygg-skinnet og blir heist opp i luften. Mens andre igjen får nåler gjennom armer og ansikt og går over glødende kull. Store elefanter som er pyntet og malt, er alltid med. Vann farget rødt blir kastet ut over alle hinduene. Også jeg fikk en dusj av det rødfargede vannet. Ekstatiske tilstander nærmet seg.

Her er ikke vanskelig å merke et voldsomt demonisk nedslag, alle er under dets kontroll. Menneskeblod blir ofret. Tidligere ofret de mennesker til guden Shiva, som krever det. Det er den øverste hinduguden. Menneskeofringer skjer enda i hemmelighet, selv om det ble forbudt ved

lov i 1948. Her ser man hedenskapet i funksjon.
De fikk dratt meg opp på offeralteret også, ved siden av hinduprestene som var i ekstase. Jeg ser bestemt på dem og de på meg. De merket Åndens kraft fra meg, så usikkerheten kom frem i ansiktene deres. Så begynte de med blomsterofringer. Her er det titusener av hinduer i ekstase. **Dette er demonisk**.

Shavaer

Jeg gikk ned fra alteret og bortover plassen. Da kom åtte shavaer rullende mot meg i stor fart. Det er kun en mulighet for hvordan de kan rulle i en så stor fart og holde en bestemt retning. Dette er mennesker inntatt av demoner, som er en del av det hinduistiske/religiøse/demoniske system. Dette er deres oppgave i livet, som de går helt inn for og er **demonisk fanget** av. De ser ikke ut som mennesker der de kommer rullende. De ser ut som en type gale monstre.
Flere av dem forsøkte å bite meg i ansiktet og på armene. Andre forsøkte å kaste mer rødfarget vann over meg. Men jeg klarte å komme unna.

Jeg opplever meg privilegert av Gud, nettopp fordi jeg kan få bringe evangeliet ut til de unådde hedninger verden over. Og få personlig kjennskap til dypet i den sataniske og demoniske åndeverden. Det er et privilegium å få være der i dypet av de demoniske krefter **med Jesu Kristi seier.** Her kan vi snakke om det sangen sier så fint: " Det lille lys jeg har, det skal få skinne klart, skinne klart, skinne klart, skinne klart."

Pytondemonen biter på Malaysia

Etter flere dager med møter i Singapore, var jeg nå i gang i Malaysia. Her talte jeg inne i gigantiske bambushytter. Herrens seier kjentes så sterkt! De demoniske makter gir seg ikke, enda de vet de er slått. Og dagen kommer da de blir evig straffet. Kanskje det nettopp er derfor de ikke gir seg? Men husk: Seieren er vår! Jeg vil bare nevne Pyton, spådomsånden her i møtet. Det var en underlig opplevelse. En voksen kvinne kom inn gjennom døren langt bak i salen. Det sies at Satan var en vakker skapning før han måtte krype på sin buk og ble slange – men her kom altså denne kvinnen inn, ikke gående, men liggende på gulvet ålte hun seg fremover akkurat som en slange. Det var 15 meter frem til meg på plattformen. Der forsøkte hun flere ganger å bite meg, men jeg kom meg unna.

Utdypning

Vi ser at Satan og de onde ånder også er ute for å skade oss fysisk. Jeg ble bitt kraftig i Romani, med påfølgende kraftig feber i flere dager. De 2 andre nevnte gangene kom jeg unna bittene. For at ondskapens åndehærer skal kunne bite, må de ha et legeme å utføre det igjennom som vi her ser. De åndelige skapninger kan jo ikke bite i fysiske skapninger. Det er forskjellige dimensjoner. Så for å utføre ugjerningen, må de inn og ta kontroll i en fysisk skapning.

Kan vi klippe av amulettene de har rundt halsen?

På en møtekampanje på en øy i det Indiske Hav, var en del medarbeidere fra Norge med. I disse møtene fikk de som oppgave å ta de demonbesatte menneskene ut av folkemassen, og legge dem bak plattformen for å drive demonene ut av dem. Når jeg begynner å tale, kommer det alltid demoniske manifestasjoner gjennom de besatte og bundne. Så da nordmennene som var med så det, gikk de inn i folkemengden og tok de plagede ut. Og bak plattformen satte de i gang med oppgaven de hadde fått. Noen spurte meg: ”Er det ikke farlig for oss?” Jeg svarte at jeg hadde kontrollen i Ånden. ”Så hvis dere vil, stå på og lær. Dette er ikke teori, men evangeliets praktiske virkeligheter. Får dere problemer, så rop til meg på plattformen.”

Kan jeg klippe av amulettene

En av kvinnene kom opp på siden av plattformen og ropte: ”Tom, noen holder på å bli kvalt av kjeder med amuletter de har fått av heksedoktorene. Kan jeg klippe dem av med saks?” Hun veivet med saksen så jeg skulle se den. ”Ja, klipp i vei,” sa jeg. Etter en stund kom hun ved siden av plattformen igjen: ”Tom, jeg klippet av kjedene, nå puster de fint og er fri demonene!”
Er ikke dette flott! Jesus lever - og vi lærer å samarbeide med Herren!

Utdypning

Her igjen ser vi det samme som i sted, kontaktpunktet/festet til demonen må vekk før frigjøringen kan komme. Disse menneskene hadde blitt kvalt hvis amulettene ikke hadde blitt fjernet. Demonene slipper ikke frivillig offeret. Det er ikke vanskelig å se alvoret i dette.

Demoner i Øst-Europa – Dnepetetrovsk, Ukraina

Jeg smuglet mye Bibler til Øst-Europa på 70-tallet. Da hadde murene falt, så vi stormet inn med evangeliets forkynnelse til frelse, helse og utfrielse fra demoner. Jeg ble faktisk overrasket, for det er jo mer demonisk aktivitet i tidligere Østblokken enn det er i andre deler av verden. Parapsykologi ble universitetsfag i Moskva i 1965. Hva er årsaken til dette? Den er ganske enkel: Evigheten er nedlagt i alle menneskers hjerter. (Forkynneren 3,11) Karl Marx kommunistiske manifest ville forby kristendommen. Men evigheten er lagt i våre hjerter, så **lengselen etter det åndelige liv er der.** Fikk de ikke **Kristus,** så tok de det som var **tilgjengelig!** Og det var Satan og demonene. Derfor har det under hele **den kommunistiske tid vært tykt av okkultisme** i Østblokken.

I møtene jeg hadde der var det rundt tusen stykker til stede hver gang. Her var det massivt med demoner. Mennesker lå i timevis helt stive som i koma. Men ble satt fri i mengdevis. Pastorer som kom til møtene ble sinte på meg, på grunn av dem som lå helt stive. De fikk ikke liv i dem og snakket om å hente politiet. De skjønte ingenting av det som foregikk. Det var en massiv utgytelse av Den Hellige Ånds kraft til utfrielse fra demoner. De som lå stive som i koma, kom til seg selv igjen etter hvert - og var fri demonene.

Utdypning
Kommunistnasjoner med forbud mot all kristen aktivitet, var en drømmesituasjon for Satan og demonene. Evigheten er nedlagt i alle menneskers hjerter. Hvis tilgangen til Kristus blir frarøvet folket, søker folket andre åndelige retninger. Fordi lengselen er lagt ned i oss av Gud.

"Evigheten er nedlagt i alle menneskers hjerter." (Fork 3,11)

Hendene i været - og demonene kommer ut (Etiopia 2011)

Jeg hadde en uke med møter i Etiopia ved de store muslimske områdene. Det var 30 000 mennesker på første møtet, og mengden vokste til 100 000 siste kvelden. Nest siste møtet satt jeg på plattformen. Der fikk jeg hjerneslag og falt over stolen. Alle sang, spilte og danset, ingen så hva som skjedde. Etter en drøy halvtime kom den ene sangeren bort til meg og fikk hjulpet meg ut i bilen. Jeg satt der en stund og ventet før han kjørte meg til hotellet. Der la jeg meg på sengen og sov til neste dag. Ryktene gikk om at jeg var på sykehuset, det stemte ikke. Formen var meget dårlig, men jeg kom meg til siste møtet. 100 000 mennesker kom. Jeg orket ikke tale, men gikk ut på plattformkanten og løftet armene, uten å si noe. Da stormet de demonbesatte frem foran plattformen, over femti stykker. De rullet rundt og kastet opp. Demonene kom ut med høye skrik i nesten en hel time. De skrek og skrek. Jeg sto bare der med hendene i været. Da alt stilnet, tok jeg hendene ned og satte meg. Jeg var helt ferdig, og kom meg til hotellet for litt hvile og søvn.

Utdypning
"Ikke ved hær og ikke ved makt, men ved Min Ånd, sier Herren hærskarenes Gud."(Sak 4,6) Når jeg er skrøpelig, er jeg sterk.
Lever vi i hvilen på at det er Han som gjør verket, ikke oss, vil vi alltid være kraftkanaler. Vi må våge å tro det og leve det ut. Alt står på oss, Han har for evig gjort alt for oss. (2 Kor 12,1)

Pasientene i Rasgrad - og demonene som kom ut
Det var fantastiske dager i Rasgrad, Bulgaria. Møtene ble holdt i en stor park vegg i vegg med sykehuset. Mange pasienter kom i sykehustøy, og ble frelst og helbredet. Titusener var på møtene. Her skjedde noe underlig. De demonbesatte kom frem til plattformen, bøyde hodene, la hendene på plattformen og kom med underlige lyder. Det sto mange der. Offentlige vakter ville fjerne dem, de forsto det var vanskelige personligheter. "La dem bare være, dette går bra," sa jeg, og gikk bortover og la hendene på hodene deres, en etter en. De ble alle satt fri! Dette var

fantastisk å oppleve for alle som var til stede.

Utdypning
Det som her skjedde viser en voldsom maktdemonstrasjon fra Herren. Her hadde demonene gitt helt opp, de bare ventet på gå-signalet fra meg. Det fikk de, og alle ble satt fri. Der de sto, kom de med små ynkelyder. Det er de samme ynkelydene jeg har hørt når jeg har vært i bønn. (Skriver litt mer om dette lenger ut i boken).

Rådhustrappa i Mercur, og demonene
Dette var en by hvor demonene hadde fått et skikkelig fotfeste. Plakatene som var hengt opp i byen angående møtene, hadde blitt påmalt djevelhorn på hodet mitt. Jeg fikk ikke lov til å tale uten politivakt. Det var heller ingen som våget å tolke meg. Tilslutt fikk jeg tak på en journalist som ikke var kristen. Hun sto på og tolket.
En gruppe voldelige anarkister, kommunister, ateister og gudsfornektere skulle ta meg, men politiet beskyttet meg. Jeg sto på Rådhustrappen og talte, og mennesker ble frelst, helbredet og løst fra demoner. Når demonene kom ut, gikk det

som sjokkbølger i folket. Ingen forsto hva som skjedde eller hvordan dette kunne skje, så det måtte jeg forklare inn i deres vantro. Denne byen var som nedkjølet av demoner, man kjente et kjølig gufs over alt. Men nå var Kristus kommet til byen.

Utdypning
Her ser vi aggressive demoner, som de alle er - men disse var verre. Disse var mer lik dem som biter. **Så vær sikker og trygg på at du hver en dag lever under blodets beskyttelse!** Det er vår redning den tiden vi er her på jorden, før vi reiser til herligheten.

Demonbefrielse i Den Ortodokse Kirke i Istanbul
Jeg har talt i Istanbul ved flere anledninger. I Tyrkia er det fremdeles forbudt å forkynne evangeliet. Jeg fikk låne en gammel ortodoks kirke ved denne anledningen, og hadde ellers møter på forskjellige steder i Tyrkia, også på denne turen. Alle møtene var hemmelige. Her i Den Ortodokse Kirken arrangerte jeg møter spesielt til dem som trengte utfrielse. Averteringen gikk med jungeltelegrafen Istanbul rundt. Her i denne kirken kom muslimer i burkaer med

åpne sinn og hjerter, for å bli løst fra demoner og bli frelst. Dette var noe helt utenom det jeg hadde forventet. Demonene ble kastet ut, muslimene ble ledet til Kristus - og gitt de første grunnsannheter å holde seg til. Videre fikk de kontakt med lokale "hemmelige" kristne.

Utdyping
Det var nesten underlig, men det var og er fremdeles en veldig motstand mot den **oppstandne Jesus** i Tyrkia. Det var jo hit til Istanbul (eller Konstantinopel som byen het i år 1000) den Katolske Kirke kom og hadde hovedsete. Her **delte Den Katolske Kirke seg i to.** Den ene delen som ble kalt **romersk katolsk,** gikk mot **vest.** Den andre halvdelen gikk mot **øst** og kaltes den **gresk ortodokse** kirke. Den Katolske Kirke hadde utviklet seg sakte fremover fra rundt det første århundret etter Kristus. De distanserte seg raskt fra det guddommelige med Kristus. De grep heller tak i **helgendyrking og tilbedelse av jomfru Maria.** Den ene halvdelen av Tyrkia er i Asia, og da muslimsk. Mens den andre halvdelen er Europeisk, og der vil de ikke ha kristendommen. Det er ikke vanskelig å se

demonene i absolutt alle sammenhenger. De er overalt. Vår virkelige verden er først og fremst åndelig.

Naglet til gulvet i Jesu navn

Et annet tilfelle av demonutdrivelse i Norge, hvor vedkommende hadde vært medlem i en satanistkirke, viste den besatte en så stor styrke, at jeg ikke fikk holdt ham i ro. Da bandt jeg personen til gulvet i Jesu navn, på hender og føtter. Det skjedde umiddelbart, han klarte ikke å løfte verken hender eller føtter fra gulvet. Deretter ble demonen drevet ut og personen var fri.

Demoners adferd

Demonene frykter og må gå

En opplevelse jeg har hatt mange ganger, er at demonene beveger seg fysisk i et legeme. Som et eksempel vil jeg nevne en kvinne som hadde en stor kreftsvulst på høyre side av høyre bryst. Jeg la hånden på den og befalte den å gå i Jesu navn. Da begynte kreftsvulsten å bevege seg. Jeg skjøv hånden på den og den flyttet seg, jeg skjøv mer og den beveget seg mer. Da skjøv jeg imot den i Jesu navn. Den beveget seg i den retning jeg skjøv. Jeg skjøv den opp på skulder, nedover armen mot hånden og ut i fingrene. Der forsvant den ut i ingenting og kom ikke tilbake. Dette er utrolige opplevelser, men slik er det. Dette kan ikke forklares, men det er hendelser av overnaturlige karakter. Dette er forårsaket av sykdomsånder, demoner som Bibelen taler om. Dette har jeg opplevd mange ganger. Dette er et tydelig bevis på Guds autoritet, Kristi seier og den Hellige Ånds kraft som virker igjennom et menneske. I dette tilfellet meg.

Forskjellige typer adferd av demoner

Demoner oppfører seg forskjellig i utdrivelses sammenheng. Det kommer helt an på type demon, og autoriteten (eller mangel på den) i vedkommende som utfører dette. En person som har Jesu Kristi autoritet og trygghet i autoriteten i sitt liv, i Jesu navn, behøver ikke heve stemmen i utførelsen. Det er nok å avsløre og rolig befale demonen, eventuelt demonene, å forlate vedkommende og gå tilbake til det sted den/de kom fra. Da må de adlyde og gå. Noen vil begynne å snakke og vil diskutere igjennom den plagede personen. Da er det en helt annen stemme enn personens egen, man hører. Det jeg alltid gjør da, er å be demonen å være stille, jeg er ikke interessert i noe samtale, jeg vil ha den/de ut.

Har man ikke stor trygghet og autoritet på området, vil demonene forsøke å skremme vedkommende, begynne å diskutere, true, manipulere, forvirre eller også forsøke å sjarmere den som skal drive de ut. Nøkkelen er her: Be demonene holde munn - og driv de ut i Jesu navn! Har du gitt en befaling om at de skal komme ut i Jesu navn, så er det nok. Du befaler ikke en gang til, da beviser du din tvil på din første befaling. Demonene hopper da over i førersetet, og du har et problem i situasjonen.
Dette er ingenting å leke med. Det som da kan skje, er at demonen går på og binder den som skal be til utfrielse. Så i stedet for å være løseren, så blir man den bundne.

Ikke alt overnaturlig som skjer er Herren
Det åndelige nivået blant kristne verden over, er på et så lavt nivå, så kristne er en lett kamp for demonene. Det hører jeg om mange steder, og opplever det selv, hvordan demonene kommer seg inn i kristne

forsamlinger. Der setter de i gang med alle nødvendige tiltak for å bryte ned de kristnes felleskap. De kristne er så kjødelige, at de ikke forstår hva som skjer (Gal 5,16-21). Ikke er de heller i nærheten av å ha evnen til å prøve ånder (1 Kor 12,10), som er en absolutt nødvendighet, mer enn noen gang i historien.

Ikke alt overnaturlig som skjer iblant kristne er Herren. Men det tror de. Dette er så negativt som det kan få blitt. Det må stå opp en Åndens gigant blant de kristne verden over, i Kristus Jesus. Det er vårt håp. Skal disse åndelige kvalitetene fra Herren bli oss til del, må kjødets gjerninger avlegges, og den Hellige Ånds frukter ikles. (Gal 5,22) Det er disse enkle, men allikevel vanskelige ting, som må gjøres i kristnes liv, for at seieren alltid skal være vår følgesvenn. De kristne må rydde opp i sitt eget hus før noe som helst kan gjøres utad, med suksess og seier.

Exorcisme utført i katolske kirker av exorcister

Dette har jeg lest om, hørt om, sett film om, men har ingen personlig opplevelse og

erfaring av. Men den åndelige kunnskap og kjennskap har jeg, så jeg forstår situasjonene og vil nevne litt om det.
Hvis en exorcist eller katolsk prest vil utføre en demonutdrivelse, har jeg dette først å si:
Nr.1 Vedkommende må være født på ny og døpt i den Hellige Ånds ild og kraft.
Nr.2 Han må avlegge kjødets gjerninger og leve i Åndens frukter.
Nr.3 Kunnskapen/kjennskapen i Guds Ord, Bibelen må være på plass i ens liv.
Nr.4 Alt han gjør må være bygd på Jesu forsoningsverk på Golgata. Troen på Kristi seier og Hans forsoningsblod må være det absolutte. Ikke noe tillegg, som krusifiks og vann. Alt dette er kjødelig og Satan tar tak i det. Nå er vedkommende klar for oppgaven.

Demonene styrer

Hva jeg har forstått, lest, hørt og sett av katolikker som ”utfører” slikt (og healing), er at de **foruten å være katolikker også er spiritister.** Når dette er tilfelle, er det allerede her demonene som styrer. Da er det demonene som manipulerer, trekker sykdomsmakter tilbake, så den syke friskner til. For så å komme tilbake, så vedkommende blir syk igjen. Exorcisten vil også bli bundet av demoner. Så her har Satan og demonene kommet på plass akkurat slik de ønsker det.

Kapittel 10

Nådestolen (Hilasterion)
Vår Herres tronstol og spesielle åpenbaringssted.

Herren sa til Moses: " Og Jeg vil komme sammen med deg der, fra nådestolen. Mellom begge kjerubene som er på vitnesbyrdets ark, vil Jeg tale med deg og si Israels barn." (2 Mos 25,22)

På den store forsoningsdagen, da ypperstepresten gikk inn i det aller helligste for å gjøre soning for sine og folkets synder, var nådestolen midtpunktet. En røyksky måtte skjule nådestolen, så ypperstepresten ikke skulle dø.

Og Gud sa: "Du kan ikke se Mitt åsyn, for ikke et menneske kan se Meg og leve." (2 Mos 33,20)

Blod av syndofferoksen og syndofferbukken sprenges på nådestolen og foran nådestolen. Slik ble det gjort soning i helligdommen, og den ble renset for Israels

barns urenhet og for alle deres overtredelser.
”Deretter skal han slakte den bukk som skal være syndoffer for folket, og bære dens blod innenfor forhenget. Han skal gjøre med dens blod liksom han gjorde med oksens blod, og sprenge det på nådestolen og foran nådestolen.” (3 Mos 16,15)

Nådestolens ekko fra Det Gamle Testamentet klinger igjen i verden.

Her heter det: ”Gud stilte til skue i Hans blod (Jesu blod), som en nådestol ved troen, for å vise Sin rettferdighet, fordi Han i Sin langmodighet hadde båret over med de synder som før var gjort.” (Rom 3,25)

”Og ikke med blod av bukker og kalver, men med Sitt eget blod, en gang inn i helligdommen og fant en evig forløsning.” (Heb 9,12)

Tenk hvilken seier! Gud Fader i himmelen var villig til å gi Sin Sønn som sonoffer for verdens synd. Jesus Kristus var villig til komme ned til jorden og bli sonoffer for verdens synd. Jesus Guds levende Sønn kom til jorden med Guds eget Hellige blod i Sine årer. Han brakte det tilbake til Gud Jehova, Sin Far, like ubesmittet av synd som det var da Han ble født. Dette blodet var det eneste som ville kunne gjøre soning for verdens synd! Jesus Kristus brakte det tilbake til Guds helligdom i det himmelske og sprinklet det over nådestolen i himmelen. Nå var menneskene forløst i Hans blod! Det eneste de nå trenger å gjøre er å ta det imot.

Kapittel 11

Forsoningsverket

1 Mannen på korset

Barabbas ble frikjent, mens Jesus ble pisket med en nihalet pisk kalt "katten." (Matt 27,26)

Da ga han dem Barabbas fri, men Jesus lot han piske og overga Ham til å bli korsfestet. Da de slo Ham med denne nihalede pisken, var det som en katt grep Ham bakfra med sine klør. Den virkelige torturen var når de dro pisken tilbake. Da ble Han bokstavelig talt revet opp i ryggen av det nihalete torturredskapet. På de ni halene var det festet små beinbiter, jernbiter og glass. For en vanlig dødelig menneskekropp, ville behandlingen av dette fryktelige torturredskapet alene forårsaket døden.

Bibelen sier: "Syndens lønn er døden, men Guds nådegave er evig liv i Kristus Jesus, vår Herre." (Rom 6,23)

Jesus var uten synd, Han var Guds Hellige. Han var Guds egen Sønn med Sin Fars blod i Sine vener og arterier.

2 Han kunne ikke dø.
De slo Ham 39 ganger med dette grusomme torturredskapet. De slet Ham i biter. Hvilken tragedie.

Jesajas sier: ”Slik mange ble forferdet over Ham, så ødelagt var Han,
Han lignet ikke en mann, Han så ikke ut som et menneske.” (Jes 52,14)

Og mens Han var i denne tilstanden, tok de av Ham klærne og ga Ham en purpurfarget kappe. De satte en tornekrone på Hans hode og en rørstav i Hans hånd. De knelte ned foran Ham, spottet og sa: ”Hyll jødenes konge!” De spyttet på Ham, tok staven ifra Ham og slo Ham i hodet med den. Etter at de hadde spottet slik, tok de på Ham klærne igjen og ledet Ham bort for å bli korsfestet. De la korset på Hans skuldre for at Han skulle bære det.

Soldatene spotter Jesus
”Landshøvdingens soldater tok da Jesus med seg inn i borgen og samlet hele

vaktstyrken omkring Ham. De kledde av Ham og hengte en skarlagenrød soldatkappe på Ham, flettet en krone av torner og satte den på hodet Hans og ga Ham en stokk i høyre hånd. De falt på kne foran Ham, hånte Ham og sa: «Vær hilset, du jødenes konge! Og de spyttet på Ham, tok stokken og slo Ham i hodet. Da de hadde hånt Ham, tok de av Ham kappen og kledde Ham i Hans egne klær." (Matt 27, 27-32)

3 Jesus blir korsfestet
Så førte de Jesus bort for å korsfeste Ham. På veien ut møtte de en mann fra Kyréne ved navn Simon; ham tvang de til å bære korset Hans. Så kom de til det stedet som kalles Golgata, som betyr «hodeskallestedet». Der naglet de Ham til korset. Der hang den levende Guds Sønn opp på et kors, mellom himmel og jord. Han hadde blitt torturert på den mest ondskapsfulle måte med pisk, og etter det hengte de Ham opp på korset. Der hang Han og kunne ikke dø, for døden var syndens lønn, og Han hadde ikke synd.

Bibelen sier: "Syndens lønn er døden, men Guds nådegave er evig liv i Kristus Jesus, vår Herre." (Rom 6,23)

Der hang Han i denne forferdelige tilstand. Over hodet Hans hang det et skilt med tiltalen mot Ham: ”Dette er Jesus, jødenes konge.” To røvere ble også korsfestet sammen med Ham, en på hver side. (Matt 27,37.38)

Matteus skriver: ”De som gikk forbi, ristet på hodet og spottet Ham: Du som river ned tempelet og bygger det opp igjen på tre dager! Hvis du er Guds Sønn, så frels deg selv og stig ned av korset! På samme måte hånte også overprestene Ham sammen med de skriftlærde og de eldste. De sa: Andre har Han frelst, men seg selv kan Han ikke frelse. Han er jo Israels konge; nå kan Han stige ned av korset, så skal vi tro på Ham! Han har satt sin lit til Gud.” (Matt 27,39-42)

Det som folket rundt korset ikke forstod, var at Jesus kunne ha steget ned fra korset. Og i det samme fått sin fysiske kropp gjenopprettet. Deretter kunne Han straffet dem. Men Han gjorde ikke det! Det var IKKE NAGLENE som holdt Ham til korset, med KJÆRLIGHETEN til menneskeheten - deg og meg! Det var du og jeg som skulle hengt der. Jesus var

uten synd: Han var Guds Hellige. Han tok din og min synd på Seg slik at vi skulle gå fri. I samme stund som naglene ble drevet gjennom Ham, så begynte Hans blod å flyte.

(Den gamle pakts offertid opphørte her på Golgata og en ny tidsalder startet, nådens og åpenbaringens tidsalder.)

"Gjeldsbrevet mot oss slettet Han, det som var skrevet med lovbud; Han tok det bort fra oss da Han naglet det til korset." (Koll 2,14)

Det var den hellige Guds blod som fløt for dine og mine synder. det aller siste offer mellom Gud og mennesker.

4 På helvetes dørterskel

En av røverne som hang på korset ved siden av Jesus, ropte til Ham og sa: "Jesus, husk på meg når du kommer i ditt rike!" **Jesus sa til ham: "Sannelig sier Jeg deg, i dag skal du være med Meg i Paradis."**

Lukas sier: «En av forbryterne som hang der, spottet Ham også og sa: Er ikke du Messias? Frels da deg selv og oss! Men den andre irettesatte ham og sa: Frykter du ikke Gud, enda du har samme dom over deg?» **For oss er dommen rettferdig, vi får bare igjen for det vi har gjort. Men Han har ikke gjort noe galt.** Så sa han: «Jesus, husk på meg når du kommer i Ditt rike!» Jesus svarte: «Sannelig, Jeg sier deg: I dag skal du være med Meg i Paradis." (Luk 23,39-43)

Hvilken demonstrasjon, hvilken proklamasjon, hvilken kjærlighet midt i smertene! Djevelen var forvirret. På den ene siden ville han se Jesus død og på den andre siden prøvde han å friste Ham til å komme ned fra korset. Og midt i all denne tragedien viste Jesus hvorfor Han kom inn i denne verden. Han rev bokstavelig talt denne røveren ut av djevelens grep på helvetets dørterskel! Han sa: I dag skal du være med Meg til Paradiset. Hvilken mann, hvilken Jesus!

5 Han ga Sitt liv – ingen kunne ta det
Matteus skriver: "Fra den 6.time falt det et mørke over hele landet, helt til den 9.time. Og ved den 9.time ropte Jesus med høy røst: « Elí, Elí, lemá sabaktáni?» Det

betyr: « Min Gud, Min Gud, hvorfor har Du forlatt Meg?" (Matt 27,45-53)

Noen av dem som sto der, hørte det og sa: «Han roper på Elia." Og en av dem løp straks fram, tok en svamp og fylte den med vineddik, satte den på en stang og ville gi Ham å drikke. Men de andre sa: «Vent, la oss se om Elia kommer for å redde Ham.» Men Jesus ropte igjen med høy røst, og oppga ånden. Da revnet forhenget i tempelet i to, fra øverst til nederst. Jorden skalv, og klippene slo sprekker. Gravene åpnet seg, og kroppene til mange hellige som var sovnet inn, ble reist opp. Etter Jesu oppstandelse gikk de ut av gravene og kom inn i den hellige byen, hvor de viste seg for mange."

Bibelen sier at Gud ved dette **avvæpnet maktene og myndighetene (djevelens hærskarer) og stilte dem åpenlyst til skue, da Han viste Seg som Seierherre over dem på korset.** «Han kledde maktene og åndskreftene nakne og stilte dem fram til spott og spe da Han viste Seg som Seierherre over dem på korset.» (Kol 2,15)

Jesus kunne ikke dø, for døden er syndens lønn. Men der på korset lot Jesus hele verdens synd, og resultatet av den, ramme Seg selv. På grunn av Sin evige kjærlighet til deg og meg, tok Han som var uten synd, din og min synd på Seg. Det var oss som skulle dødd i syndens grep. Jesus Kristus, Guds levende Sønn, ga Sitt liv der på korset som den store triumfator for oss. Ingen kunne ta Hans liv – Han ga det som et evig offer for oss.

Jesaja sier: "Sannelig, våre sykdommer tok Han, våre smerter bar Han. Vi tenkte: Han er rammet, slått av Gud og plaget. Men Han ble såret for våre lovbrudd, knust for våre synder. Straffen lå på Ham for at vi skulle få fred og ved Hans sår ble vi helbredet." (Jesaja 53, 4.5)

6 Hva folket ikke så
Etter at Jesus hadde gitt Sitt liv på korset, begravde de Ham.

"Da det ble kveld, kom en rik mann som het Josef. Han var fra Arimatea og var også blitt en disippel av Jesus. Han gikk til Pilatus og ba om å få Jesu kropp. Pilatus ga da ordre om at den skulle bli utlevert. Josef tok Jesu kropp, svøpte den i et rent og linklede og la den i en ny grav, som var hugget ut til ham selv i bergveggen. Så rullet han en stor stein foran inngangen og gikk." (Matt 27,57-60)

Men i ånden gikk Jesus inn i dødsriket som den store triumfator. Han gikk inn i djevelens tronesal. Djevelen hadde en fest gående, for han trodde han hadde drept Jesus. Men der kom Jesus inn til han, i majestet og sa med autoritet: "Gi Meg nøklene til døden og dødsriket!"

Åpenbaringen sier: "Jeg var død, men se, Jeg lever i all evighet, og Jeg har nøklene til døden og dødsriket." (Åp 1,18) Djevelen falt ned skjelvende og ga Jesus nøklene. Og Jesus forlot den evig beseirede djevelen og låste opp dørene for de gamle hellige som hadde ventet på denne dagen.

Den fullkomne, evige seier var vunnet, og Jesus fortsatte Sin seiersmarsj.

7 Den nye pakts begynnelse var kommet
Den gamle pakten var slutt, den nye pakt var nå født. Her hadde Jesus med Sitt blod vunnet en evig seier. Dette ble igjen seglet

på dokumentene som innstiftet den nye pakts begynnelse innfor Gud. Nå har vi et segl for den nye pakten: Ikke med blod av okser og geiter, men det forente guddommelige og menneskelige blod.

Hebreerne 9,11: "Men Kristus er kommet som øversteprest for alt det gode vi nå har. Han har gått igjennom det teltet som er større og mer fullkomment, og som ikke er laget av menneskehånd, det vil si: Som ikke tilhører denne skapte verden. Ikke med blod av bukker og kalver, men med Sitt eget blod gikk Han inn i helligdommen én gang for alle og kjøpte oss fri for evig."

I Israel gikk øverstepresten inn i det aller helligste rommet i tempelet en gang i året med blod, for å dekke over syndene til det åndelig døde Israel. Men Kristus går **en gang for alle** inn i helligdommen i himmelen med Sitt eget blod, og oppnår en evig forløsning for oss. Jesus Kristus, Guds levende Sønn, kom inn i verden i ydmykhet og **med guddommelig autoritet.** Han forlot verden i ydmykhet og med guddommelig autoritet. Med Sitt blod åpnet Han en ny og levende vei for oss alle til å ha **fellesskap med Gud.** Han forlot oss levende i Ham, med Hans guddommelige autoritet.

Jesus sa det slik: "Jeg er Veien, Sannheten og Livet. Ingen kommer til Faderen uten ved Meg. Har dere kjent Meg, skal dere også kjenne Min Far. Fra nå av kjenner dere Ham og har sett Ham." (Joh 14,6)

8 Jesus den uslåelige
Jesus Kristus, selveste Jehova i menneskelig skikkelse. Ingen gjenkjente Ham, men Gud Jehova, som betyr «den selveksisterende som åpenbarer Seg», var blant vanlige mennesker i 33 og et halvt år med en guddommelig hensikt.

"Den som gjør synd, er av djevelen, for djevelen har syndet fra begynnelsen av. Og det var for å gjøre ende på djevelens gjerninger at Guds Sønn åpenbarte Seg." (1 Joh 3, 8) Hans blod var guddommelig i seier og ydmykhet. Han ga Sitt liv for deg og meg, som den seirende Jesus Kristus, **den selveksisterende som åpenbarer Seg.** Han var i dødsriket med all seier.

"Frykt ikke! Jeg er den Første og den Siste og den Levende; Jeg var død, og se, Jeg er levende i all evighet. Og Jeg har nøklene til døden og dødsriket." (Åp1,18)

9 Han stod opp fra graven den tredje dag – seieren var vunnet – for evig

"Ved daggry den første dagen i uken kom kvinnene til graven og hadde med seg de velluktende oljene som de hadde laget i stand. Da så de at steinen var rullet fra graven. Og de gikk inn, men fant ikke Herren Jesu kropp. De visste ikke hva de skulle tro, men med ett sto det to menn hos dem i skinnende klær. Kvinnene ble forferdet og bøyde seg med ansiktet mot jorden. Men de to sa til dem: Hvorfor leter dere etter den Levende blant de døde? Han er ikke her, Han er stått opp! **Husk hva Han sa** til dere mens Han ennå var i Galilea: Menneskesønnen skal overgis i syndige menneskers hender og korsfestes, og den tredje dagen skal Han stå opp. Da husket de Hans ord. Og de vendte tilbake fra graven og fortalte alt dette til de elleve og til alle de andre. Det var Maria Magdalena, Johanna og Maria, Jakobs mor, som sammen med de andre kvinnene fortalte dette til apostlene." (Luk 24,1-12)

De mente det hele var løst snakk, og trodde dem ikke. Peter sto likevel opp og løp til graven, og da han bøyde seg inn i den, så han ikke annet enn likklærne. Så gikk han hjem, fylt av undring over det som hadde hendt. Han ga Sitt blod, kjøpte en evig seier til deg og meg i Sitt Navn. Det Navn som er over alle andre Navn; det vidunderlige og seirende navnet Jesus. Hele Hans eksistens, Hans vesen og Hans personlighet, ja, hele Hans liv er seirende. Og det er for deg alt sammen. Hele hans liv, fra Han kom inn i jomfru Marias liv og til Han gikk tilbake til Faderen igjen, var en demonstrasjon på den alt-overvinnende seier som er i Guds kjærlighet.

10 Den Hellige Ånds ild og kraft er her for oss.

"Han gjør Sine tjenere til flammende ild," sier Hebreerne 12.
Salmene sier: " Vindene gjør Du til sendebud, ild og luer til Dine tjenere." (Salme 104, 4)

Ordet fra Klagesangen gikk bokstavelig talt i oppfyllelse: "Herren sendte ild fra det høye, den gikk meg gjennom marg og bein." (Klag 1,13)

Fredrik Wisløff har noen visdomsord å si i denne sammenheng i sin bok om Den Hellige Ånd**: "Så mang en Herrens tjener hemmes i åndelig kraft av en mangelfull overgivelse til Gud. Deres alt er ikke stilt til Guds disposisjon. Og før alt er lagt på Herrens alter, faller ikke Herrens ild".** Legges alt på alteret, vil man oppleve Åndens gaver vil komme og tilkjennegi seg. Døren vil være åpen for gavenes virke i ens liv. Når alt er på alteret, er det ikke "bare" en dåp i den Hellige Ånd. Det er Gud som fyller deg fra håret og helt ned i fotsålene. Du blir et Guds tilholdssted, du blir Guds hus, huset for den allmektige Gud. Gud kommer og presenterer Seg selv for deg. La oss aldri bli opptatt av "fenomenene" eller gavene. La oss ikke gjøre dem til merke for vår virksomhet. La oss alltid **la Herren få æren og være vårt sentrum.**
Alt er lagt til rette for oss – å vandre i Den Hellige Ånds ild og kraft.

Kapittel 12

Autoriteten i Jesu blod

1 Jesus Kristus med Guds eget blod i Sine årer.

Jesu blod er helt ubeslektet med Adams blod. Jesus ble ikke unnfanget ved en eggcelle fra Maria. Det lå på et guddommelig, mye høyere plan. Jesus er skapt av Gud Jehova, fikk dannet et legeme og innblåst livets ånde. Også vi er åndelige skapninger. Vi er på et høyt nivå, selv om vi ikke alltid føler det i hverdagen. Men Herren vil at det skal bli et fundament inn i oss. Så midt i problemene så er det seier, et grunnfeste i oss som gjør at vi er bevisst vår seiersposisjon. Selv om vi står midt i et problem, så er vi likevel over det. Gud dannet et legeme for Kristus og la det i Marias liv. (Heb 10,5) Jesus Kristus som person kom ned fra himmelen og inn i Marias liv. (Salme 107,20) Og denne personen som ble lagt inn i Marias liv, hadde Guds eget blod i Sine årer. Jesus Kristus kom ned fra himmelen og ble født her på jorda. Fullt menneske og fullt Gud.

Johannes sier: ”Og Ordet ble kjøtt og tok bolig i blant oss. Og vi så Hans herlighet, en herlighet som den enbårne Sønn har fra Sin Far, full av nåde og sannhet." (Joh 1,14)

Her kom det til jorden en helt spesiell person, Guds egen Sønn – Gud selv. Han vandret på jorden i 33 år, men mennesker forstod det ikke, for de hadde ikke noen åpenbaring. Men Kristus vandret på jorden med Guds hellige blod i Sine årer. Og blodet ble bevart like hellig og rent for all evighet. Det ble aldri tilsmusset.

Derfor kunne Jesus si det Han sa: "Jeg er Veien, Sannheten og Livet." (Joh 14,6)

Jesus hadde Guds type liv: Hva slags type liv var det Jesus hadde? Han hadde Guds type liv, Guds natur. Alfa og Omega-livet, Han hadde det evige Livets natur. Dette kunne Han si fordi Han var uten synd. Hadde disiplene hatt en smule av åpenbaring, ville de forstått at Han var Livet. Og Han er ikke bare Livet, Han er livets opphav.

2 Han er Livet.

Han er Livet, på det hellige og rene blodets grunnlag. Slik var Jesus når Han kom hit ned.

"Da sa Maria: Se jeg er en Herrens tjenerinne. Meg skje etter Ditt Ord. Og engelen skiltes fra henne." (Luk 1,38) Allerede her var Maria villig. Hun behøvde ikke ha gjort det, hun kunne ha sagt **nei** og gått imot Herrens Ord. Men hun sa **ja** – og ble redskapet.

Vers 39-46: " Men Maria stod opp i de dager og skyndte seg til fjellbygdene, til en by i Judea. Og hun kom inn i Sakarias hus og hilste på Elisabet. Og det skjedde da Elisabet hørte Marias hilsen, så sprang fosteret i hennes liv. Og Elisabet ble fylt med Den Hellige Ånd og ropte med høy røst og sa: Velsignet er du blant kvinner, og velsignet er ditt livs frukt. Hvorfor skjer dette meg, at min Herres mor kommer til meg? For se, da lyden av din hilsen nådde mitt øre, sprang fosteret i mitt liv av fryd. Og salig er hun som trodde, for fullbyrdes skal det som er sagt henne av Herren. Da sa Maria: Min sjel opphøyer Herren, min Ånd fryder seg i min Frelser." (Luk 1, 39-46)

Maria forstod at det var noe viktig på gang, så det gjaldt å være lydig mot det himmelske som hadde kommet over henne. Hun forstod det.

"Jeg er Livet," sa Jesus. Og det var det livet som ble lagt ned i Maria.

3 Jesus Kristus kom til jorden med Guds eget blod i Sine årer.
"Det første mennesket, Adam, ble til en levende sjel. Den siste Adam er blitt til en levendegjørende Ånd". (1 Kor 15, 45)

Kristus kom som den levendegjørende Ånd. Den Ånd som gir liv og utfrielse. Menneskets ånd var gjort uren for Gud på grunn av syndefallet, men Jesus kom som den første levendegjørende Ånden. Han måtte bære denne Ånd i Seg, i Sin Ånd. Og Han bar det hellige, ulastelige, ubesmittede Guds blod i Sine årer, da Han vandret på jorden. Slik at blodet i sin tid kunne utøses for menneskeheten. Hele Jesu skikkelse skulle skjenkes og legges ned, slik at disse livgivende evige sannhetene kunne bli oss til del.

Dersom dette går opp for deg, da har alt gått opp for deg!
Da **har** du det, og da **gjør** du det! Da løper du ut på det. Gud er i vår midte, Han er i oss. Han ønsker bare å få uttrykt Seg gjennom oss. Kristus hadde en blodtype

ulik alle andre blodtyper. Alle menneskelige blodtyper er urene på grunn av syndefallet. Det finnes kun en blodtype som er ren, og den finnes kun i den **himmelske blodbanken.** Det er dit den ble brakt, tilbake til Gud, fordi det var Guds eget blod. Jesu blod er fullkomment uten skrøpeligheter, ikke influert overhode av fallet i Edens hage. Det er overhodet ikke berørt av det Adam og Eva gjorde. Det har aldri vært i nærheten av noe urent.

1Peter 1,19 beskriver den eneste rene blodtypen: "Kristi dyre blod."

Det er en blodtype som har renset oss fra vår synd – Jesu Kristi dyre blod. Det er blodtypen som har renset oss. Det evige, ubesmittete blodet, som var i Jesu årer i 33 år. Han levde med det midt oppi denne urene verden. I skjøgers hus, i drikkelag, overalt var Kristus personen med dette hellige, rene blodet. Han var iblant oss i 33 år, og det ble aldri besmittet av synd. Her er det snakk om kvalitet og autoritet, i Jesu Kristi blod. Det er helt umulig å verdsette Kristi blod til fulle, Livets blod.

Dødt blod trekker til seg fluer. I Det Gamle Testamentet står det om Beelsebul, fluenes herre eller de fordervede fluers fyrste (djevelens sendebud). Jesu blod har akkurat den motsatte virkningen på fluer. Akkurat den motsatte virkningen av Beelsebul**. Fluene, demonene og Satan flykter når Jesu blod nevnes.** Derfor har vi en evig seier på grunn av Jesu blod. Det er autoritet som er høyere enn noen menneskelig autoritet, og den er basert på Jesu dyre blod.

4 Alle ondskapens åndehærer flykter like hurtig fra Jesu blod, som fluer trekkes til dødt blod

Derfor er det viktigere enn noen sinne at vi blir grunnfestet i disse enkle sannhetene. Tenk deg noe så fantastisk som det som er skrevet i Johannes 1,7: "Jesus, Hans Sønns blod, renser oss fra all synd". Vi er frie. Vi er ikke syndere hvis vi har tatt i mot Jesus. Vi er renset i Hans blod. Satan har ikke noe med oss å gjøre i det hele tatt, for vi er beskyttet i Jesu Kristi dyrebare blod.

Alle Satans angrep på oss er løgn, fra begynnelsen til slutt. For **Jesus blod er vår**

beskyttelse fordi vi er i pakten.
Jesus har vunnet en evig seier for oss. Blodet er vår arve del. Vi er i Jesus, Gud ser på oss gjennom Ham, igjennom blodet. Vi er frie.

"Uten at blod blir utgytt skjer ingen forlatelse". (Heb 9, 22)

At Jesus ga Sitt eget dyre blod, en gang for alle, for hele menneskeheten - det var nok. Pakten er inngitt ved Kristus, med Gud, en gang for alle. Da ble det evig beseglet, da var seieren der. Vi får beseglingen i den nye fødsel. Da er pakten vår, en gang for alle, når vi forblir i Kristi nåde, med Ham som Herre i våre liv.

Seieren er vår, og den har vært det i 2000 år!
Om vi bare kunne gripe dette mer og mer, hva Kristus har gjort for oss. Åpenbaringen sier: "Han er kledd i et kledebånd som er dyppet i blod. Og Han er kalt Guds Ord". (Åp 19, 13) "Det er tre vitner: Ånden og vannet og blodet." (1 Joh 5, 8)

5 Disse tre flyter sammen. Det skrevne Guds Ord har ingen autoritet uten Kristi dyre blod. For Guds Ords liv er i blodet. Når vi griper disse enkle sannhetene, vil alt bli annerledes for oss:

1 Hvorfor har vi autoritet og liv? **Jo, fordi det ligger i blodet.**

2 Derfor sanksjonerer Gud i Ordet**, når vi er i blodet, i nåden.**

3 Det har blitt vår pakt, **blodspakten.** Det er det som gir oss autoriteten. Ikke egne prestasjoner. Den Hellige Ånd er i fullkommen overensstemmelse med blodet og vannet, altså Ordet, som igjen er Kristus. Disse tre er uadskillelige. De er ment og skapt for å kunne fungere sammen, for å kunne bli en ytring av Guds overnaturlige energi på jorden. Dette gjennom dem som har gitt sine liv til Kristus, og blitt født på ny, renset i blodet og som er i pakten. Disse vet at de er i pakten.

Ved Det Gamle Testamentets ofringer kan vi se at blodet av feilfrie dyr ble stenket på bokrullen. Hvorfor? Fordi

boken er livløs for den som leser den, om ikke blodet har vært der på forhånd.

På samme måte er det i dag. Bibelen er livløs for oss om ikke blodet har vært hos oss på forhånd. Kun en type mennesker har mulighet til å få innsikt i Ordet, det er de som er født på ny, renset i blodet, og som lever i pakten.

6 Dette er vår del i Kristus.
Vi som er født på nytt kan hvile i pakten, hvile i blodet. Vi behøver ikke å prestere noe selv. Gud sendte Sin egen Sønn, Sitt eget blod. Jesus ga Seg selv, Sitt blod, for menneskeheten. Han brøt Satans makt – en gang for alle. Han var i dødsriket, triumferende, og hentet nøklene. Så stod Han opp igjen fra de døde. Denne seieren er vår – uavhengig av alle omstendigheter. Det er det her som gjør deg frimodig – Jesus er fantastisk, og du vet det. Da kan du komme inn i hvilen, i pakten. Det er Han som har gjort det.

7 Livet er i blodet - Autoriteten er i blodet.

Guds Ord har ingen autoritet i våre liv uten at vi er i blodet, at vi er født på ny og renset. Er vi det, vil Ordet automatisk få autoritet gjennom våre liv, da vi **gjør** som Ordet sier. Og Gud er Ordet – og Faderen, Sønnen og Den Hellige Ånd er ett. Hva var det som gjorde at Ordet fikk autoriteten? Det skjedde fordi Jesus frembar Sitt eget guddommelige blod, uten synd, til Sin Far. Da fikk **navnet Jesus** Guds kraft og autoritet. Jesus reiste tilbake til Sin Far i himmelen. Far, sa Han, her har du tilbake pundet som Du ga Meg. Han hadde fått blodspundet av Sin Far, og Han kom ikke tomhendt tilbake. Han hadde frikjøpt hele menneskeheten, milliarder på milliarder blodpund tilbake. På det grunnlaget overga Gud all Sin kraft og autoritet til Sin Sønn.

"Jesus sa: Meg er gitt all makt i himmel og på jord." (Matt 28,18)

På soningsdagen i Det Gamle Testamentet ofret de ikke bare 10 og 20 feilfrie dyr. De ofret opp til 100.000! Og det står skrevet at Kedron-bekken fløt over sine bredder i flere dager - av dyreblod. Når Gud lot Sin Sønn dø, åpnet Han en kilde som skulle strømme i all evighet. ”På den dag skal det være en åpnet kilde for Davids hus og for Jerusalems innbyggere mot synd og urenhet.” (Joh 14,6)

8 Jesu dyre blod, utgytt en gang for alle. Verket er fullbrakt, seieren er vunnet. Gud har talt, dommen er satt. Denne blodskilden fra himmelens trone flyter alltid foran Satans hær. Når vi synger og snakker om blodet, flyter det. Når dette blir grunnfestet i ditt indre, vil alltid Satan ha stor respekt for det livet som er i deg.

9 Djevelen får panikk når han kommer i kontakt med blodets autoritet. Han vet at han er evig beseiret.

Hvis du ser dette, så har du det. Og det du har, kan du gi. Og det kan tas imot av alle som vil ha det.

”Og de har seiret over ham i kraft av Lammets blod og de ord de vitnet”. (Åp 12, 11)

Vitnesbyrdet, proklamasjonen av Guds Ord, på Ordets grunn, Bibelen.

Med full viten og overbevisning om at det her holder i all evighet. Blodsofringene i Det Gamle Testamentet var bare med og viste oss svakt betydningen av Jesu blod, og hvilken autoritet det er i navnet Jesus. Blodet er utøst en gang for alle. Så vi kan gå like inn i helligdommen – på blodets grunn.

”Da vi altså brødre, i Jesu blod har frimodighet til å gå inn i helligdommen, så la oss tre frem med et sant hjerte, i troens fulle visshet, renset på hjertene.” (Heb 10,19)

Det er ikke nok å tro på en historisk Jesus og et historisk blod. Blodet er levende og virkekraftig og syndstilgivende.

Vi må tro at det fungerer nå. At vi kan gå like **innenfor Gud nå,** og bruke det i vår hverdag!

Kapittel 13

Undertrykt, bundet og besatt og hvordan bli fri.

Undertrykt

Hva vil det si å være undertrykt? Det vil si at det er noe som trykker oss ned fra yttersiden. Noe som prøver å undertrykke vårt intellekt, vår forstand eller våre følelser. Djevelen kan se fra yttersiden hvilke mennesker som er lett påvirkelige. **Når man er bundet, så har personen en demon i sitt sjelsliv, og den vil alltid være der og plage en i mer eller mindre grad.**

Undertrykkelse er ikke noe som alltid vil være der. Det vil oppleves som angrep som uten varsel setter inn på tankeliv og følelsesliv. Det kan komme tanker eller følelser som en aldri før har tenkt eller følt. En kan oppleve å bli skremt over seg selv på grunn av underlige tanker eller følelser. De fleste mennesker tror da at det er tanker eller følelser som en selv produserer, og mange kan få problemer og bli anfektet fordi en plutselig tenker eller føler slik. Men **sannheten** om dette er at det er en **undertrykkelse fra djevelen.**

Dette er **demoner** som ikke i første rekke er interessert i å komme inn i et menneskes sjelsliv, men de er **ute etter å plage en.** Dette er, så langt jeg har erfart, det som det er mest av. Bare det å **vite** at tanker som kommer til en, **ikke er av en selv,** men at de er fra djevelen, er **allerede et skritt på veien til seier.**

Bibelen sier: "For vi har ikke kamp imot kjøtt og blod, men mot makter mot myndigheter, mot verdens herrer i dette mørke, mot ondskapens åndehærer i himmelrommet." (Ef 6,12)

Det å være undertrykt er å være under trykk fra yttersiden mot tankelivet eller følelseslivet, av de demoniske kreftene som er i himmelrommet.

Hvordan bli fri undertrykkelse?
"Og grip foruten alt dette troens skjold, hvormed dere skal kunne slukke alle den ondes brennende piler." (Ef 6,16)

Her igjen er forutsetningen at man er født på ny. Hvis ikke, kan man ikke få seier over undertrykkelse. Det er av meget stor viktighet at vi vil leve overgitt til Jesus, og at vi fyller oss med Guds Ord, troens Ord. Vi må la Ordet leve i oss og få makt. Hvis Guds Ord blir det dominerende i våre liv, vil vi begynne å oppleve at Jesu seier er vår seier!

Bibelen sier:
"Han avvæpnet maktene og myndighetene og stilte dem åpenlyst til skue idet Han viste Seg som seierherre over dem på korset." (Koll 2,15)

Hvordan beholde frihet fra undertrykkelse?
"Skikk dere ikke lik med denne verden, **men bli forvandlet ved fornyelsen av deres sinn**." (Rom 12,2)

"For å hellige den, ved å rense den ved vannbadet i Ordet." (Ef 5,26)

Opprenskning i tankelivet. Ved å fylle oss med Guds Ord, ved å grunne på Guds Ord, vil vi oppleve at **Ordet begynner å rense**

vårt tankeliv. Det vil bygges opp en indre styrke i oss, det vil bygges opp **et troens skjold rundt og i vårt tankeliv og følelsesliv.** Når da djevelen kommer med sine forsøk på å undertrykke oss, får han ingen effekt av det han prøver på. Angrepene når ikke frem, Guds Ord er der som et skjold og beskytter.

Guds Ords dominans i tankelivet

Det er Guds Ord som har begynt å dominere vårt tanke- og følelsesliv. Vi blir ikke dominert av et manipulert sjelsliv, men Guds Ord i oss styrker oss, forsvarer oss. Guds Ord i oss holder vår personlighet i harmonisk balanse – slik vi er skapt til å leve.

”Men Du Herre, er et skjold omkring meg, min ære og den som oppløfter mitt hode.” (Salme 3,4)

”Som et skjold dekker Du ham med nåde.” (Salme 5, 13)

Bundet - og hvordan bli fri

Vi skal se litt på hvordan mennesker blir bundet i sitt sjelsliv, i sin personlighet.

Som nevnt tidligere så er sjelslivet menneskets personlighet. Det innehar følelser, vilje og forstand.
Erfaringene når det gjelder utfrielse, som jeg selv har erfart, viser at det er lettere å bli fri fra demonbesettelse, enn det er å bli løst fra bundethet i sjelslivet/personligheten. I sjelslivet har demonene så mye intellekt de kan skjule seg bak.

Hvordan blir et menneske bundet i sitt sjelsliv, og hvem kan bli bundet? Alle kan bli bundet i sitt sjelsliv, enten de er født på ny eller ikke. Det er mange ting et menneske kan bli bundet av, men jeg skal bare ta frem hvordan man blir bundet generelt. Vi ser først på et eksempel fra Bibelen:
"Men denne, en Abrahams datter, som Satan har bundet, tenk i atten år, skulle ikke hun bli løst av dette bånd på sabbatsdagen?" (Luk 13,16)

Her taler Bibelen om en troende kvinne som var bundet av Satan. I vers 11 i samme kapittel sier Bibelen at det var en **vanmakts ånd**, altså en **demon.** Den hadde satt seg i kvinnens sjelsliv - og bundet det. Sjelslivet er vår personlighet. Når man blir bundet i sin personlighet, så vil det som binder prege nettopp personligheten. I dette tilfellet forårsaket det at kvinnen ble krumbøyd.

"Og se det var en kvinne som hadde en vanmakts ånd i atten år, og hun var krumbøyd og kunne ikke rette seg helt opp." (Luk 13,11)

Da vårt legeme har i seg åpenbarelsen av vår personlighet, vil naturlig en bundet persons personlighet gi seg uttrykk i legemet, som med denne kvinnen. Det kan virke som et fysisk angrep, noe det kan være - en undertrykkelse av legemet, en vanmakts ånd - en svakhets ånd i hennes sjel, i hennes personlighet var det. Den ga da en åpenbarelse i kvinnens legeme, som forårsaket at hun blir krumbøyd. Enhver som er bundet i sin sjel, vil ha et uttrykk i sitt legeme eller i sitt åsyn, av den ånd de er bundet av.

"Og grip foruten alt dette, troens skjold (Guds Ord) hvormed dere skal kunne slokke alle den ondes brennende piler." (Ef 6,16)

Djevelens angrep er med brennende piler, som da er rettet mot inngangsporten til vårt sjelsliv, personligheten vår. Inngangsporten er via sansene med tanker eller følelser. Eller direkte tanker/følelser. Altså tankepiler til intellektet eller følelsespiler til følelsene.

Videre sier Bibelen: "Men det kom en tanke opp i dem om hvem som var den største iblant dem." (Luk 9,46)

Her kom det en tankepil fra djevelen rettet mot forstanden, et hovmod eller en selvopphøyelses tanke. Og **bak enhver tanke er det en ånd.**

I vers 47 ser vi at denne tankepilen ble godtatt: Men da Jesus så deres hjertes tanke…

Først kom tanken opp i dem, så lot de den slippe til og det ble en hjertets tanke. De ble bundet - den gikk inn i sjelslivet. Disiplene behøvde ikke å ha sluppet denne tankepil inn i sitt sjelsliv. De kunne selv ha tatt autoritet over djevelens angrep med troens skjold, Guds Ord, og bedt tanken vike i Jesu navn.

"Gi ikke djevelen rom!" (Ef 4,27)

Vi kan gjøre vårt eget valg her. Vi kan avvise alle djevelens angrep på vårt tankeliv og følelsesliv i Jesu navn. Gjør vi det så kan han ikke få bundet oss.

"Vær derfor Gud undergitt! Men stå djevelen imot, så skal han fly fra dere." (Jak 4,7)

For å bli bundet i sjelslivet/personligheten, så må vi godta djevelens tankepiler som blir skutt mot vår forstand og følelser. Godtar vi dem som en del av oss selv, blir vi bundet. Dette som da binder vår personlighet, sjelslivet, vil da prege oss i mer eller mindre grad.

Et menneske som er bundet, vil oppleve at den tingen man er bundet av alltid vil være tilstede og plage en i mer eller mindre grad.

Å være bundet er å ha en demon i sitt sjelsliv/personlighet. Mennesker som er født på ny kan også være bundet. Det bånd en person som er født på ny har på sin sjel, har vedkommende nesten alltid hatt med seg fra et liv som en "ikke- kristen". Det er forskjellige svakheter eller negative styrker i personligheten. Det kan selvfølgelig komme etter man har blitt en kristen også.

Hvordan bli fri fra bundethet?

Et menneske som ikke er født på ny, kan ikke bli løst fra å være bundet. Forutsetningene for å bli fri er ikke tilstede dersom en ikke er født på ny. Hvordan blir da et menneske som er født på ny og er bundet av djevelen, satt fri? Det kan skje på to måter: For det første slik som kvinnen med avmakts-ånden ble løst.

Lukas forteller hvordan det skjedde:
"Da Jesus så henne, kalte Han henne til Seg og sa til henne:_**Kvinne du er løst fra din vanmakt.** Og Han la Sine hender på henne, og straks rettet hun seg opp og priste Gud." (Luk 13,12.13)

Her kan vi se at Jesus gjorde som Bibelen beskriver i Salme 33,9: "Han talte og det skjedde, Han bød og det stod der". Her gjelder det samme som for besettelse. Vi stoler helt på Ordet, Guds Ord står evig fast. (Salme 119,89)

"Se, Jeg har gitt dere makt til å tråkke på slanger og skorpioner og over **alt fiendens velde,** og ingenting skal skade dere." (Luk 10,19)

Vi står fast på befalingen vi har gitt, og demonene som har bundet vedkommende må gå. Vi tror Guds Ord uten forbehold.

"Men uten tro er det umulig å være til behag for Gud. For den som trer fram for Gud, må tro at Han er til, og at Han lønner den som søker Ham". (Heb 11,6)

I India ble jeg kalt hjem til en kvinne som var krumbøyd. Da jeg kom dit la jeg mine hender på henne og kommanderte vanmakts-ånden å forlate henne. Kvinnen rettet seg da opp med en gang - og var fri fra sin vanmakt. Dette er den ene måten å bli fri fra bundethet på - et annet menneske forløser i Jesu navn. Den andre måten er å løse seg selv med Guds Ord. Her er man ikke avhengig av andres hjelp for å bli fri.

Bibelen sier: "Vær derfor Gud undergitt, stå djevelen imot, og han skal fly fra dere." (Jakob 4,7)
"Atter sier Jeg dere: Alt det dere binder på jorden, er bundet i himmelen."
(Matt 18,18)

I de fleste tilfeller er man bundet i deler av sitt sjelsliv, sin personlighet. Man kan bruke Guds Ord selv, dersom man er grunnfestet i det. I Jesu navn bindes demonen som har bundet en, og den befales å forlate sjelslivet. Igjen er det helt nødvendig å stå på den befalingen man har gitt i overensstemmelse med Guds Ord. Og den ånd som har bundet en, må gå. Imidlertid viser erfaringen, at de fleste som er bundet, trenger å bli hjulpet av et annet menneske - som et redskap fra Herren.

Hvordan beholde utfrielsen?
"Min sønn, glem ikke Min lære, og la ditt hjerte bevare Mine bud. For langt liv og

mange leveår og fred skal de gi deg i rikt mål". (Fork 3,1.2)

Det viktigste å gjøre for å beholde utfrielsen, er å la Guds Ord få rikelig plass i oss. Lese mye i Guds Ord, grunne på det. La ordet få bevege seg inni oss, for Ordet er kraftig og levende.
"For Guds Ord er levende og virkekraftig og skarpere enn noe tveegget sverd. Det trenger igjennom helt til det kløver sjel og ånd, ledd og marg, og dømmer hjertets tanker og råd." (Heb 4,12)

Herren sier at **Ordet** skal gjøre det **Han vil** og lykkelig **utføre** det som Han sender det til. (Jes 55,11)

Og Ordet står evig fast. (Salme 119,89)

Enhver som har blitt løst fra å være bundet, får alltid et angrep fra djevelen kort tid etter utfrielsen. Enten gjennom en tanke-pil eller følelses-pil, som går på akkurat det samme som man tidligere har vært bundet av. Det er helt nødvendig for den som har vært bundet å **være grunnfestet i Ordet,** slik at personen kan bruke det mot djevelens

angrep. Man **avviser da angrepene med Ordet, som er troens skjold, i Jesu navn!** Djevelen vil prøve seg flere ganger, men når han oppdager at vi står på Ordet uansett, vil han etter hvert slutte å angripe.
Bibelen sier: "Gi ikke djevelen rom!" (Ef 4,27)

Besatt - og hvordan bli fri?
Bibelen taler tydelig om at mennesket er mer enn bare kjøtt og blod.
I 2 Korinterne kan vi lese:

"Vi er altså frimodige, og vil heller være borte fra legemet og være hjemme hos Herren." (2 Kor 5, 8)

Her ser vi at menneskets "jeg" ikke er legemet. Det tales her om å være borte fra legemet. Noe inni mennesket er synlig fra yttersiden. Det som er inne i oss kaller Bibelen for menneskets ånd, vårt "jeg". Men i tillegg til ånd og legeme har vi også vårt sjelsliv, vår personlighet. Bibelen sier:

"Guds Ord er levende og kraftig og skarpere enn noe tveegget sverd, og trenger

igjennom inntil det kløver **sjel og ånd**."
(Heb 4,12)

Mennesket totalt er en ånd som har en sjel og er ikledd et legeme. Vi skal se litt på menneskets ånd i dette avsnittet. Menneskets ånd var som vi så, vårt "jeg". Og det er her Guds Ånd bor hos mennesker som er født på ny. **Et menneske som er født på ny er med andre ord besatt av Guds Ånd - Den Hellige Ånd.**
"Besatt" betyr kort og godt at det er noe som har "satt seg." I et menneske som er født på ny er det Den Hellige Ånd som har satt seg i personens ånd, og har all autoritet der. Det vil igjen si at **et menneske som er født på ny ikke kan bli besatt av onde ånder/demoner.** For det mennesket **har allerede Guds Ånd** i sin ånd, den Hellige Ånd.

"Dere er av Gud, Mine barn, og har seiret over dem. For Han som er i dere, er større enn han som er i verden." Den kraft som bor i et menneske som er født på ny, er større enn djevelens makt!

For å bli besatt må menneskets ånd være ledig.
Har det Guds Ånd i sin ånd, har djevelen ingen mulighet til å komme inn. Jeg vil nevne noen få måter et ufrelst menneske kan bli besatt av demoner på i sin ånd.

I: Den ene måten er ved å ta et **bevisst standpunkt** for djevelen og la ham bli herre i ens liv. Da blir mennesket en djeveltilbeder. På samme måte som et menneske åpner seg for Jesus for å bli født på ny, kan en åpne seg for demoner. Mennesket bestemmer selv med sin vilje hvilken ånd de vil ha inn i sin ånd – enten Guds Ånd eller djevelens ånd. Eller at menneskets ånd forblir med den medfødte urene ånden.
"Dersom du med din munn bekjenner Jesus som Herre og i ditt hjerte tror at Gud oppvakte Ham fra de døde, da skal du bli frelst." (Rom 10, 9)

Det som skjer når man i ærlighet og oppriktighet gjør som dette bibelstedet sier, er at man får Guds Ånd i sin ånd. Dette er fremgangsmåten for å få Guds Ånd inn i vår ånd; vi blir født på ny.

Derfor er den ene måten å bli besatt på: Å ønske djevelen inn som herre. På samme måte som du tar imot Kristus Jesus som Herre og Frelser.

II: En annen måte å bli besatt på skjer over et lengre tidsrom og ved en litt mer ubevisst handling. Demonene trenger tid å arbeide på, slik at man åpner sin ånd helt så de kan komme inn. Det skjer ikke på et øyeblikk, som det gjør når man tar et bevisst standpunkt.

Bibelen sier:
"Men treet til kunnskap om godt og ondt må dere ikke ete av, for på den dag du eter av det, skal du visselig dø." (1 Mos 2,17)

Mennesket var ulydig mot Gud. Det syndet og spiste av treet, og som en konsekvens døde mennesket. Ikke fysisk, det vil si at **dødsprosessen var i gang allerede fra fallet i Edens hage, men utfallet av disse konsekvenser går over tid.** Og det skjedde **en åndelig død.** Guds Ånd forlot menneskets ånd, og i stedet begynte mennesket å bære sin nye herres merke.

Mennesket fikk en uren ånd - en syndig natur.
Denne urene ånd - syndige natur - som alle mennesker som ikke er født på ny har, er med på å åpne opp for demoner som vil besette menneskets ånd - når personen begynner å **søke overnaturlige ting.** De er ikke bevisst at det er djevelen de søker. Her starter en **kommunikasjon** mellom den urene ånd - den syndige natur - som er i et menneske som ikke er født på ny, og de demoner som vil besette mennesket. Begge ånder er urene.

Hvordan bli fri fra demonbesettelse
Besettelse kan også skje ved at et menneske begynner å få permanente tilbøyeligheter i en spesiell retning. Det kan være ting man aldri før har tenkt på, eller har hatt begjær etter. Man opplever at tankelivet alltid er opptatt av disse tingene, og at begjæret blir sterkere og sterkere. På dette punktet er personen allerede bundet av demonene i sin sjel. Det begynner å bli en lidelse. Den eneste måten å bli kvitt lidelsen og få fred i tankelivet på, er å tilfredsstille begjæret. Når man får begjæret tilfredsstilt, vil man føle det som en befrielse. Men bare for en

stund, det kommer tilbake igjen. Det blir verre og verre, og man overgir seg gang på gang. Det hele ender med at en er blitt besatt og fullstendig kontrollert av demoner. Da demonene forstår at vedkommende vil ha mer av hva de har, vil de ha mer av vedkommende.
Det er i enkelhet djevelens strategi.

Jeg nevner det igjen – mennesker som er født på ny, kan ikke bli besatt.
Enhver besettelse starter i det små, bortsett fra når man tar et bevisst standpunkt for djevelen. Det starter med undertrykkelse av tankeliv og følelsesliv fra menneskets ytterside. Når man gir etter for presset, glir undertrykkelsen inn i vår sjel, vår personlighet, vår vilje, våre følelser og vårt intellekt - og binder oss der. Dersom vi gir oss helt over til det i vår sjel, går det videre til besettelse. Ikke mange mennesker kommer til dette punktet hvor man blir besatt av demoner i sin ånd. De som blir besatt, blir ikke besatt av djevelen, men av hans undersåtter, demonene.

Den demonbesatte
"Og de kom på den andre siden av sjøen, til Gerasenernes bygd. Og da Han var gått ut av båten, kom det straks mot Ham ut av gravene, en mann som var besatt av en uren ånd. Han hadde sitt tilhold der i gravene, og de kunne ikke lenger binde ham, ikke engang med lenker. For han hadde ofte vært bundet med fotjern og lenker, og lenkene hadde han revet av seg, og fotjernene hadde han slitt i stykker, og ingen kunne rå med ham. Og han var alltid, natt og dag, i gravene og på fjellene og skrek og slo seg selv med steiner." (Mark 5, 1-5)

Her ser vi et eksempel på en demonbesatt. Et slikt menneske er helt kontrollert av demoner. Hvordan kan et slikt menneske bli fri fra besettelsen? Ved demonbesettelse må Gud bruke mennesker som redskaper for å hjelpe den besatte. Man kan ikke klare å bli fri på egen hånd, fordi djevelen er herre.
Vi som er født på ny er Guds redskaper på jorden, derfor vil Gud bruke oss. Mennesker som er født på ny og fylt med Den Hellige Ånd, er Guds redskaper til

utfrielse for dem som er besatt av onde ånder.

”Og disse tegn skal følge dem som tror:
I Mitt navn skal de drive ut onde ånder.”
(Mark 16,17)

”Og de skriftlærde som var kommet ned fra Jerusalem sa: Han er besatt av Beelsebul og sa: Det er ved de onde ånders fyrste han driver de onde ånder ut.
Og Han kalte dem til Seg og sa til dem i lignelser: Hvorledes kan Satan drive Satan ut? Om et rike kommer i strid med seg selv, kan dette riket ikke bli stående. Og om et hus kommer i strid med seg selv, kan dette hus ikke bli stående. Og dersom Satan setter seg opp imot seg selv og kommer i strid med seg selv, kan han ikke bli stående, men det er ute med ham.” (Mark 3, 22-27)

Men ingen kan gå inn i den sterkes hus og røve hans gods, uten at han først har bundet den sterke. Da kan han plyndre hans hus”.

Det første vi må gjøre er å binde den sterke - demonen som har besatt mennesket. Bibelen sier:

"Sannelig sier Jeg dere: **Alt det dere binder på jorden, skal være bundet i himmelen, og alt dere løser på jorden, skal være løst i himmelen".**
(Matt 18, 18-20)

Igjen sier Jeg dere: Alt det to eller tre av dere på jorden blir enige om å be om, skal gis dere av Min Far i himmelen. Og hvor to eller tre er samlet i Mitt navn, (i Jesu navn), der er Jeg midt iblant dem."
"Han, Jesus, avvæpnet maktene og myndighetene og stilte dem åpenlyst til skue, idet Han viste Seg som Seierherre over dem på korset." (Koll 2,15)

Vi binder den onde ånd med Jesu fullkomne seier.
Vanligvis når man spør et menneske som er besatt om det vil bli fri eller ikke, vil man oppleve at demonene blir urolige. Da må demonene bindes i Jesu navn.
Man er helt avhengig av å få et svar fra menneskets "jeg". Svarer mennesket "ja" til

å bli fri og "ja" til å la Jesus bli Herre, kan demonene drives ut i Jesu navn. **Når demonene er bundet i et menneske, er de allerede på defensiven. Selv om demonen ennå ikke er kommet ut av personens ånd.** Den har jo allerede vært beseiret i nesten 2000 år, men den må **avsløres** og **bindes.**

Vi binder demonene i Jesu navn
Når djevelen er bundet, kan han ikke få gjort noe mer i denne personen.

"For Han sa til ham: Far ut av den mannen, du urene ånd." (Mark 5, 8)
Vi kommanderer demonene å komme ut av den besatte personen i Jesu navn.

Jesus sier:
"I Mitt navn skal dere drive ut onde ånder." (Mark 16,17)

Når vi kommanderer demonen å komme ut, er det helt vanlig at den prøver å skremme den som Gud bruker ved å si: " Du har ingen makt over meg", eller: "Vi kommer ikke ut." Da er det viktig at vi står på Guds

Ord, på den befalingen vi har gitt demonen. **Den må lyde Guds Ord.**
I de første tilfeller hvor jeg var involvert i besatte, så forvirret demonene meg en del. Mange ganger drev jeg på hele netter og ba for mennesker. Djevelen ville slite meg ut.

Men Bibelen sier:
"Vi er en grunnfestet makt for våre motstanders skyld, og til å stoppe munnen på fienden og den hevngjerrige." (Salme 8,3)

Vi kommanderer demonene i Jesu navn - og står på den befalingen vi har gitt.
"For Guds Ord står evig fast." (Salme 119, 89)
Ordet "er levende og kraftig." (Heb 4,12)

Demonene må adlyde og forlate den besatte.

Hvordan beholde utfrielsen?
Det er mange mennesker som kan oppleve å bli fri fra demonbesettelse, men som en tid etter er besatt igjen. **Hvis vi er blitt satt fri, er vi ikke da fri?**

Det er her så mange har tatt feil. Det er jo klart at når vi er fri, så er vi fri. Men vi har en fiende som er ute etter oss, og som vil ha sitt tidligere offer tilbake. Han sier: «Du er ikke fri, kjenn etter». Hvis vi da blir enig med demonenes tanker som kommer til vårt sinn, så er de på plass igjen.

Bibelen sier:
"Når den urene ånd har faret ut av et menneske, går den igjennom tørre steder og søker hvile, men finner den ikke. Da sier den: Jeg vil vende tilbake til mitt hus, som jeg for ut av. Og når den kommer dit, finner den det ledig og feid og pyntet.
Så går den bort og tar med seg syv andre ånder, verre enn den selv, og de går inn og bor der. Og det siste blir verre med det mennesket enn det første."
(Matt 12, 43-45)

For å beholde en utfrielse fra demonbesettelse, så **må vi bli født på ny.** Vi må bli fylt av en **sterkere Ånd,** og det er bare en som er sterkere: Den Hellige Ånd, Jesu Ånd. Så når djevelen vender tilbake, finner han at huset er opptatt av en annen Ånd, en som er sterkere enn ham selv. Da må han bare gå! Han har ingen mulighet til å få tilbake sitt gamle hus.

Så lenge vi vil ha Jesus som Herre i vårt liv, har vi Den Hellige Ånd i vår ånd - og ingen annen ånd kan komme inn.
Når jeg har bedt for demonbesatte, og vedkommende er blitt satt fri, så ber jeg med den utfridde til frelse. Jeg ber Jesus fylle personen med Den Hellige Ånd. Dette er **helt nødvendig!** Dersom vedkommende ikke blir frelst, så kommer de onde ånder tilbake. De finner ånden ledig, og besetter igjen. (Slik som beskrevet ovenfor i Matt 12,43-45).
"Dere er av Gud, Mine barn, og har seiret over dem, demonene. For Ham som er i dere, er større enn han som er i verden." (1 Joh 4,4)

Syk - og hvordan bli fri (bli helbredet)
Sykdom
Sykdom har jo helt siden syndefallet i Edens hage vært menneskets største fiende. Hva er så sykdom, og hvor kommer den fra? Sykdom angriper mennesker fra yttersiden på samme måte som undertrykkelse. Forskjellen her er at

sykdommen, eller som det rette navnet er: Sykdomsmakten (eller sykdomsånden) angriper legemet direkte. I noen tilfeller ser man sykdomsånden gå via sinnet og følelsene, slik de undertrykkende åndene gjør. Når sykdommen har befestet et legeme, vil den alltid få en påvirkning følelsesmessig og i tankene, men da ut ifra sykdommen i legemet.

Det som vi kaller sykdom, deler Bibelen i to

Matteus sier: "Han tok våre skrøpeligheter på Seg og bar våre sykdommer."
(Matt 8,17)

Skrøpeligheter

Sykdommer er påvirket av sykdomsmakter, onde ånder, mens derimot skrøpeligheter er noe som mennesket påfører seg selv. Det kan være ved ufornuftig bruk av sitt eget legeme, ved å bryte de naturlige lover som setter grenser for hva et menneske kan tillate seg å gjøre, uten å bli påført en skrøpelighet. En skrøpelighet kan forbli en varig skade, eller den vil lege seg på en naturlig måte. Er man utsatt for en ulykke kan det påfører en skrøpelighet.

Det å løfte tungt i en feil stilling, kan føre til at vi får en skiveutglidning i ryggen. Det er da en selvforskyldt skrøpelighet, med en varig skade. Vi kunne ha løftet den tunge tingen i rett stilling og unngått skaden.

Er vi så uheldige å få kokende vann på oss, så får vi en brannskade.
Vårt legeme er ikke lagd til å tåle ting med varme opp til kokepunktet. Det blir da her et brudd med naturens balanse for hva huden vår tåler. Dette er da selvfølgelig en uforskyldt skrøpelighet som vil leges på en naturlig måte, hvis ikke skaden er blitt for stor.

Sykdommer
Når det gjelder det som Bibelen kaller sykdommer, så blir bildet annerledes. Sykdommer er som sagt forårsaket av sykdomsmakter, demoner.

I 5 Mosebok kan vi se at sykdommer er nevnt med det personlige pronomen "de". Så sykdommen er personligheter. Vi leser: "… tærende syke, brennende sott, med feber og verk, med tørke og kornbrann og rust, og de skal forfølge deg til du går til grunne." (5 Mos 28, 22)

Her leser vi at forbannelsen blir spesielt tatt opp, så sykdom er en forbannelse.

I Lukas kan vi lese om da Jesus kom til Peters svigermor som lå syk av feber.

"Jesus stod over henne og truet feberen, og den forlot henne. " (Luk 4, 39)

Du kan ikke true noe som ikke forstår hva du sier, du kan bare true en person. Jesus så her at det var demonene som var i arbeid med feber, så Han truet feberen - og den måtte gå. Slik arter feber seg også i dag. Feber er like mye en sykdomsmakt i dag som det var på den tiden. Like sant er det i dag som Bibelen sier:
"Jesus Kristus er i går, i dag den samme, ja, til evig tid." (Heb 13, 8)

Er det sant at djevelen og hans demoner er de samme?
De bryr seg ingenting om hva vi mener om dem og deres eksistens, de er reelle likevel.

Jeg husker et tilfelle hvor jeg fikk en telefon. Det var en far som ringte for sin sønn som hadde øreverk og feber. Jeg ba gutten legge telefonrøret på hodet, og jeg truet feberen og øreverken gjennom telefonen. Dagen etter traff jeg faren, og han fortalte at feberen og verken forsvant samtidig med at det ble bedt over telefonen. Sykdomsmaktene er virkelige, og de må adlyde Jesu-navnet. Selvfølgelig kan det gis mange fornuftige medisinske diagnoser, men likevel er det en dypere årsak.

Vi leser videre i Matteus 9,32-33:
"Da nå disse gikk bort, se, da førte de til Ham et stumt menneske, som var besatt (med en sykdomsmakt i legemet). Og da den stumme ånd var drevet ut, talte den stumme."

Her ser vi tydelig at sykdommen er en demon fra djevelen, altså en forbannelse og ingen velsignelse fra Gud.

"Du målløse, døve ånd, jeg byder deg: Far ut av ham og far aldri mer inn i ham!"
(Mark 9,25)

Her ser vi igjen at Jesus driver ut sykdomsmakten, demonen fra djevelen.

I Afrika opplever jeg det samme gang på gang når jeg ber for syke i slutten av møtene. Jeg ber ikke for en og en, men tar autoritet over alle sykdomsmakter i alle legemer på en gang. I ett møte kom det frem to kvinner etter forbønnen. De hadde begge vært stumme. Nå kunne de tale. Sykdomsmakten måtte gå når den ble truet i Jesu navn, i tro. Slik Bibelen underviser og erfaringene viser - er sykdommer personligheter.
"Deretter førte de til Ham en besatt som var blind og stum (her igjen sykdomsmakter), og Han helbredet ham slik at den stumme talte og så."
(Matt 12, 22)

Døve mottar hørsel – de døve urene ånder må gå (India)
I India opplevde jeg i et møte, mens jeg ba for syke, at 3 døve fikk igjen hørselen samtidig. Når vi begjærer og proklamerer seier på Ordets grunn, må sykdomsmaktene som hører oss, gå. De hører oss like godt

som vi hører hverandre. **De hører troens tale.**

De blinde ånder går

Ved å befale blinde ånder å forlate de blindes øyne, har jeg opplevd at de adlyder, og de blinde ser. Det er ikke bare en såkalt sykdom vi har med å gjøre, men det er onde ånder i den åndelige verden som har kommet for å stjele, myrde og ødelegge. (Joh 10,10)

Kreftens ånd går

Ved å be for kreftsyke, har jeg opplevd at ved å befale kreftdemonene å forlate personen, så forlater den vedkommende. Den som har blitt helbredet kjenner at sykdommen har forsvunnet og at kreftene har begynt å komme tilbake. Så en ser tydelig forskjellen mellom sykdommer og skrøpeligheter.

"Han tok våre skrøpeligheter og bar våre sykdommer." (Matt 8,17)
Dette er enkelt forklart, men da forstår vi alle det. Ikke heng dere opp i tunge forklaringer. Se heller virkeligheten.

Det er en ånd bak enhver sykdom. Vi forstår det ikke, men det er slik.

Kapittel 14

Forskjellige åndelige aktører

Hvordan åpne sitt åndsliv for demoner?

Det skjer alltid ved at man er delaktig i saker som har med det overnaturlige, åndelige, å gjøre, som for eksempel spiritisme. I spiritismen åpner man til en viss grad sitt åndsliv bevisst for onde ånder. Det kan man gjøre uten å direkte tenke på djevler og demoner, ja, til og med uten å tenke spiritisme. Er man aktivt delaktig i spiritisme, så vil automatisk demonene få mer og mer tak, og til slutt er man besatt og kontrollert av dem. De aktivt delaktige mister mer og mer kontroll, og demonene får mer kontroll.

Spiritismen i sin originale form, er en basis for forskjellige åndelige aktiviteter - som åpner opp for åndelig inntrengning.

Alt som har med overgivelse og hengivenhet til åndelige virkeligheter å gjøre, som ikke har med Gud Jehova å gjøre, vil i sin tid føre inn i besettelse.

Spiritismen og dens historie
Spiritisme (engelsk av spiritus), troen på at enkelte mennesker, såkalte medier, er i stand til å oppnå forbindelse med avdødes ånder, overbringe budskap fra dem - og ved deres hjelp fremkalle fenomener som ikke kan forklares på grunnlag av de naturlover man kjenner. Slik tro har vært kjent fra de eldste tider og er fremdeles ganske alminnelig innenfor naturreligionene (se avsnitt naturreligion). Grunnlaget for moderne spiritisme kan føres tilbake til 1700-tallet til den svenske naturfilosof og teosof Emanuel Swedenborg.

Den moderne vestlige spiritistiske bevegelse oppstod i byen Hydesville i USA i 1848, i forbindelse med bankelyder som man mente kom fra ånder. Den spiritistiske bevegelse fikk stor utbredelse, også i intellektuelle kretser, og spredde seg til andre land. Det ble stiftet spiritistiske foreninger og selskaper med egne kirker over hele verden.
Grunnlaget var troen på at menneskenes ånder etter døden fortsetter livet på høyere plan, der de stadig utvikles og foredles. Og at de derfra også følger de etterlevende og

forsøker å hjelpe dem, samt at de eventuelt inkarneres til nye jordeliv. Spiritismen har også sterke innslag av indiansk og afrikansk opprinnelse (som da er naturreligion).

Spiritistiske fenomener

Som eksempel på spiritistiske fenomener og parapsykologiske betegnelser kan nevnes:

Materialisasjon (materie)

Som betyr blant annet at avdøde personers ånder legemliggjøres.

Psykokinese (av psyke, og gresk bevegelse)

Dette menes at gjenstander beveger seg ved psykisk påvirkning uten fysisk kontakt.

Levitasjon (av latin: letthet i vekt)

Betyr å sveve i luften. Dette er en betegnelse på det fenomen at personer tilsynelatende hever seg opp i luften og holder seg svevende uten påvirkning av tyngdekraften. Mange beretninger om dette har kommet fra India og Tibet.

Poltergeist (av tysk: larme, bråke og ånd, bankeånd)

Betegnelse på overnaturlige krefter/spøkelser som opptrer inne i hus. De ytrer seg ved bankelyder og ved voldsomme bevegelser som ofte kan knuse inventaret. Forskningen har vist at dette helst knytter seg til spesielle personer, ofte yngre mennesker, samt personer i psykisk ubalanse. Dette antyder at fenomenet i en viss grad kan være psykisk betinget, for eksempel en form av psykokinese.

Spiritismens grunnlag for parapsykologi
Spiritismen blomstret opp i siste halvdel av 1800-tallet. I 1882 dannet en gruppe ledende vitenskapsmenn "Society for Psychial Research" i London, med formål å undersøke spiritismen og nærliggende områder på et kritisk og vitenskapelig (sansekunnskaplig) grunnlag.
Et lignende selskap ble grunnlagt i USA i 1888, med filosofen William James som en av grunnleggerne. Parapsykologi som universitetsfag ble ikke aktuelt før i 1930-årene, da det ble opprettet et forskningslaboratorium ved Duke University i Durham, USA, under ledelse av J.B. Rhine. Siden har lærestoler i parapsykologi blitt opprettet blant annet ved universitetene i Utrecht og Edinburgh. Den enorme forskningsaktiviteten i USA og

Sovjetunionen siden 1960-årene, har vært med på å gi parapsykologien et betydelig vitenskapelig grunnlagsmateriale (vitenskapelig/sansekunnskaplig).

Parapsykologi betyr: Vitenskapelig utforskning av paranormale (tidligere kalt overnaturlige) fenomener. Herunder hører de såkalte ESP (Extra-Sensory-Perception - ekstra sensorisk persepsjon) fenomen. Fenomener som telepati/tankeføring, Clairvoyance/ klarsyn og prekognisjon, eller oppfatning av fremtidige hendelser. Som vi forstår er spiritisme et begrep med forgreninger inn i alle typer av det overnaturlige. (Vitenskapen forstår selvfølgelig ikke dette, **dette er åndelig** og kan **kun forstås** og behandles av de mennesker som **lever et bevisst åndelig liv med Kristus Jesus).** Det er dette som også står bak naturreligionene, hvor animismen er en del, og de andre religionene som er overnaturlig bevisste. Det vil igjen si at alle som begynner å søke åndelig, overnaturlig kontakt, vil få det.

De vil få kontakt med det som vitenskapen har kalt spiritisme. Ulike typer spiritisme er

et resultat av sansekunnskapens nyfikenhet og behov av noe mer enn det sanselige og ”naturlige”. Det er det ikke-kristne, ugjenfødte mennesket, som har forsøkt å finne ut av en verden utenfor den ”naturlige jordiske”.
Selvfølgelig får man kontakt med den verden når man søker den. Det gjøres forsøk på å få innsikt, men det er umulig for et ikke gjenfødt menneske. Det eneste man kan oppnå er å se **resultatene av en åndelig aktivitet.** Og de forskjellige resultatene av den åndelige aktiviteten har da blitt katalogisert og **gjort til en vitenskap.**

Hør hva Paulus sier klart til menigheten/felleskapet i Korint:
”Men, som det står skrevet: Det som intet øye har sett og intet øre hørt, og det som ikke oppkom i noe menneskes hjerte, det har Gud beredt for dem som elsker Ham. **Men for oss har Gud åpenbart det ved Sin Ånd.** For Ånden utforsker alle ting, også dybdene i Gud. For hvem blant mennesker vet hva som bor i et menneske, uten menneskets egen ånd som er i ham?

Slik vet heller ikke noen hva som bor i Gud, uten Guds Ånd.

Men **vi** har ikke fått verdens ånd, **men den Ånd som er fra Gud,** for at vi skal **kjenne det som Gud i Sin nåde har gitt oss.** Og dette forkynner vi, ikke med ord som menneskelig visdom har lært oss, men med ord vi har lært av Ånden. Vi tolker åndelige ting med åndelige ord. Men et **sjelelig menneske tar ikke imot det som hører Guds Ånd til.** For det er en **dårskap** for ham, og han kan ikke kjenne det, det kan bare bedømmes på åndelig vis." (1 Kor 2, 9-14)

Her er det snakk om å få åndelig innsikt, en innsikt som er tilgjengelig kun for de som er født på ny. En personlighet, en sjel, en psyke, har overhodet ikke mulighet til innsikt her. Det eneste de kan oppnå, er å se uten forståelse, en **åndelig aktivitet.** Ved nysgjerrighet og tilnærming til det åndelige, kan de bli fanget av det og til slutt bli besatt. De forskjellige typer av åndelig aktivitets virkelighet som her er nevnt, kan trekkes sammen til noen få ord: De er alle

demoners aktivitet. Og djevelen og hans demoner er på jorden kun for en hensikt:

"Tyven, djevelen, kommer bare for å stjele, myrde og ødelegge." (1 Joh 10, 10)

Det fantastiske for menneskeheten er at djevelen og alle hans demoner er beseiret en gang for alle, ved Jesu dyre blod!

"Han avvæpnet maktene og myndighetene og stilte dem åpenlyst til skue, da Han viste Seg som Seierherre over dem på korset." (Koll 2,15)

"Dertil er Guds Sønn åpenbart, at Han skal gjøre ende på djevelens gjerninger." (1Joh 3, 8)

Mennesket har forsøkt å finne ut ting i en verden utenfor den fysiske, fra et liv i en ikke-kristen tilstand, en ugjenfødt tilstand. Det eneste de oppnår er å gjøre ting vanskelig for seg selv. De vil bare bli manipulert rundt av djevelens løgner. Alt begynner med **undertrykkelse** av djevelen, før man blir **bundet** i sin sjel/ personlighet. Og til slutt kan man bli **besatt.**

Som gjenfødte mennesker, renset fra vår synd i Jesu dyre blod, er vi utfridd fra djevelens snarer. Vi kan leve fri fra dem, og som den eneste type mennesker på jorden, har vi seier over djevelen og alle hans demoner i Jesu navn. Alle ytre aktiviteter av demoner, og de navn aktivitetene har blitt gitt, er ikke interessant. **Vi går direkte til kjernen** og tar autoritet over demonene, som allerede er beseiret uansett ytringer de måtte gjøre. Vi må gå til **opphavet til aktiviteten**, ikke til selve aktiviteten.

Det er seier i Jesu navn!

Naturreligion
Religion hos naturfolket. Med naturfolk tenker vi på de mennesker som har en enkel kulturform, og lever av jakt, fedrift eller primitivt jordbruk. De savner skriftlig litteratur, men har som regel en mer eller mindre utformet muntlig overlevering med religiøst innhold. De kalles ofte for primitive folk. Antropologene som har besøkt dem, har nedtegnet sine inntrykk av deres liv og religiøse praksis. Ved å sammenligne dette materialet fra forskjellige deler av verden, har det kommet

frem relativt faste kulturtyper og religiøse forestillinger som stort sett går igjen i kulturer med beslektede livsgrunnlag og levemåter. Når det gjelder gudsforestillingen, kan det være variert, men som regel finner man ideen om en høyere gud.
Man tenker seg alltid at han er siste forklaring på tilværelsens gåter. Ved den høyeste gudens side, er det alltid en rekke andre guder, fremfor alt guder som hersker over naturens krefter og dyrenes liv. (Som torden og regnets herre, fruktbarhetsguddommer som moder jord, og guder for jakt, fiske og krig).

Naturfolkene
Hos naturfolkene spiller også dyrkelsen av de avdødes ånder en betydelig rolle. Man forestiller seg at de døde lever videre i gravene. Derfra går de ut fra tid til annen og griper inn i de levendes skjebne. Noen ganger til menneskenes beste, men også iblant til deres skade. For å holde seg til venns med disse ånder, ofrer man til dem. Som regel er det høvdingen som er den øverste leder for kulten. Ved hans side står vanligvis en del prester. Prestens oppgave

omfatter ikke bare ofring og ledelse av det kultiske samvær. De skal også tyde tegn og drive ut ånder. Særlig det siste er viktig, for man tenker seg gjerne at sykdom blir forårsaket ved besettelse. En **prest** som særlig befatter seg med å utdrive sykdomsdemoner, kalles **medisinmann.**

Hos naturfolkene finner vi alltid troen på en eksistens etter den legemlige død. Det vanlige er at mennesket tenkes å leve videre i underverdenen som et slags åndelig vesen. Av og til møter vi også troen på sjelevandring, det vil si at sjelen vender tilbake og går inn i et nyfødt barn.

Forskjellen mellom religion og magi består i at mennesket i religionen føler seg avhengig av de skjebnebestemmende makter, og ber til dem. Mens de i magien føler seg som herre over disse maktene, og kommanderer dem. Jo mer primitivt et samfunn er, desto nøyere er disse to holdningene knyttet sammen.

I naturreligionen ser vi forløperen til den vestlige spiritismen og gjenkjenner animismen.
Vi kan se at det åndelige/demoniske har en linje. En linje som sniker seg inn i den vestlige verden, hvor sanse-kunnskapen (det ikke-gjenfødte menneske) ikke har noen mulighet til å forstå disse realiteter.

Animisme
Vi finner mange mennesker som blir besatt blant animister. Animisme er det vi kaller naturreligion. Tidligere var animismen mest blant de primitive folkeslag, men den får stadig mer og mer rot også i moderne vestlig kultur. Alle mennesker født på jordens overflate, er jo født med "evigheten i sine hjerter." (Det er fordi vi er skapt i Guds bilde, og Gud er Ånd). (Fork 3,11)

Vår ånd ble gjort uren som følge av syndefallet,
men det forhindrer ikke at vi er skapt i Guds bilde. Evighetsdelen, vår ånd, søker etter den levende Gud Jehova og Hans Sønn Jesus Kristus, enten vi er det bevisst eller ikke! Samtidig søker vår urene ånd

fellesskap med sin like, altså en uren ånd. På dette grunnlag har vi det som kalles naturreligion, animisme. Animisme (av latin: sjel), altså troen på at alle gjenstander og fenomener i naturen har en iboende sjel. I videre forstand, troen på alle tings upersonlige kraft, mana (animatisme). Begrepet var opprinnelig en del av en filosofisk teori i Tyskland på 1700-tallet, som gikk ut på at sjelen var livets prinsipp og forklaringen på det organiske univers forløper, i tillegg til å være bevissthetens bærer.

Innen antropologi brukes animisme om mange såkalte primitive folkeslags religiøse forestillinger, om en sjelelig kjerne i alle ting. Mennesker som aldri har fått evangeliet forkynt, eller langt mindre hørt navnet Jesus, har som alle andre **en lengsel og et behov etter et åndelig liv.** Et liv som de er **skapt til å leve i,** selv om de i utgangspunktet ikke er et åndelig liv bevisst.

Derfor søker ethvert menneske sin herre. Mennesket tilber og ofrer i naturreligionen/animismen, til sjelen/kreftene som antas å bo i steiner, planter, dyr, jord, ild, vann, torden, regn, himmellegemer osv. Dette gjøres i lengsel etter å få dekket et ubevisst indre åndelig behov. Demonene ser at mennesket i sin tilbedelse søker en åndelig virkelighet. De kommer da med sin "tilfredsstillelse". Mennesket blir fanget i demonenes grep. Mennesket på søken tar imot alt demonene presenterer for dem, og de blir til slutt besatt og kontrollert.

Spiritistiske seanser

I spiritistiske seanser hvor "medier" brukes, tror de at gjennom mediet kan avdødes ånd kalles frem. Dette er nøyaktig det samme som blir gjort i naturreligionen/animismen. **I disse seansene er det ikke menneskets ånd de får frem, men det er derimot demonene som åpenbarer seg.** De utgir seg for å være personen som det søkes kontakt med. De kjenner til alt om vedkommende person, og kan på det grunnlag utgi seg for ham.

Forklarende tillegg

Teosofi (av teo og gresk visdom)

Religiøs tro som bygger på naturmystikk og på at Gud finnes i alle ting. I 1875 grunnla Helene Petronova Blavatsky (1831-91) i USA en forening ved navn Theosophical Society. Formålet var å utbre en lære hun hadde nedtegnet, en blanding av indiske, egyptiske og europeiske tradisjoner. Fremtredende i denne læren er gradvis utvikling av menneskeheten gjennom reinkarnasjon (som hinduismen), og troen på en universell intelligens som forvaltes av de såkalte mahatmas. (Overjordiske mestere som underviser menneskene).
Annie Besant (1847-1933) var leder for selskapet etter Helena Blavatskys død. Hun var også en av lederne for det indiske kongresspartiet (Indian National Congress). Teosofene fikk stor innflytelse i India. De var ofte negative til kristendommen.

Antroposofi
Åndsretning utformet av den tyske Rudolf Steiner (1861-1925). Han hevdet at mennesket gjennom meditasjon kan utvikle sine åndsevner til å anerkjenne en oversanselig verden, og få innsikt i sitt eget vesen og kosmiske krefter som er unndratt den naturvitenskapelige forskning.

Bevegelsen ble grunnlagt i 1913, da Steiner brøt med teosofien og dannet Antroposofisk selskap. Antroposofien har tilhengere i mange land, med sentrum i den frie høyskole for åndsvitenskap, Getheanum i Dornach, Sveits.
Det er opprettet skoler (Steiner-skoler) bygget på antroposofiens pedagogiske ideer i en rekke land, deriblant Norge. Steiner utviklet sine egne ideer innen jordbruk, såkalt biodynamisk jordbruk, medisin, arbeid med psykiske utviklingshemmede, og innen kunst og arkitektur mm.

Filosofi (filo, gresk: visdom).
Vitenskap som vil finne grunnprinsippene og sammenhengen i tilværelsen. Ordet filosofi, er egentlig betegnelse for "kjærlighet til visdommen." Opprinnelig ble betegnelsen brukt til dels om all vitenskap overhodet, dels i betydning av læren om den "sanne" virkelighet, som alle tings opphav. Etter hvert skilte de enkelte fagvitenskapene seg ut, først til matematikk, astronomi, fysikk og biologi, deretter i nyere tid til fagområdene som psykologi og sosiologi. Dette gjorde at filosofien mistet sin tidligere altomfattende karakter. Ordet

filosofi har i vanlig dagligtale ingen klart avgrenset mening. Filosofi omfatter metafysiske spekulasjoner, livssynsspørsmål, kunnskapens opprinnelse, natur, religion, kunstens og moralens grunnlag og mening. De fem filosofiske hovedretningene er: Logikk, erkjennelsesteori, etikk, estetikk og metafysikk.
Jeg kunne ha tatt med mer angående disse tingene, men jeg vil anbefale at du selv slår opp i oppslagsverker. Da vil du finne ut hvordan disse ting er flettet inn i den globale samfunnsstruktur.

Døden
Døden betyr ikke at mennesket opphører å eksistere, men at det blir utestengt fra det virkelige livet i Gud. Døden inntrer ikke øyeblikkelig i sin definitive form. Den gjennomgår en utvikling, inntil den siste blir definitiv og evig. Det er tale om tre forskjellige trinn i dødsprosessen: Åndelig, legemlig og evig død.

Den åndelige død
Inntrådte hos de første mennesker i og med syndefallet. Bibelen sier:

”Og Gud bød menneskene: Du må fritt ete av alle trær i haven; men treet til kunnskap om godt og ondt må du ikke ete av; for på den dag du eter av det, skal du visselig dø.” (1 Mos 2, 16.17)

”Men om frukten på det tre som er midt i hagen, har Gud sagt: Dere skal ikke ete av den og ikke røre ved den, for da **skal dere dø.**” (1 Mos 3, 3)

Denne form for død kalles **åndelig død, adskillelse fra Gud.**

”Så viste Gud Herren ham ut av Edens hage og satte ham til å dyrke jorden, som han var tatt av. Og han drev mennesket ut, og foran Edens hage satte han kjerubene med det luende sverd som vendte seg hit og dit, for å vokte veien til Livsens tre.” (1 Mos 3, 23.24)

”At dere på den tid stod utenfor Kristus, utelukket fra Israels borgerrett og fremmede for paktene med deres løfte, uten håp og uten Gud i verden.”
(Ef 2, 12)

Alle er av naturen åndelig døde, skilt fra Gud.

Den legemlige død

Da det er en organisk forbindelse mellom legeme og sjel, måtte syndens straff og følge også virke på menneskets legeme. Slik kom da den legemlige død inn i verden.

"Derfor, likesom synden kom inn i verden ved ett menneske, og døden ved synden, og døden slik trengte igjennom til alle mennesker, fordi de syndet alle." (Rom 5,12)

Adskillelsen mellom menneskets legeme og sjel er altså et ledd i en destruktiv prosess.

"For ettersom døden er kommet ved ett menneske, så er og de dødes oppstandelse kommet ved ett Menneske, for liksom alle **dør i Adam**, så skal og alle **levendegjøres i Kristus.**" (1 Kor 15, 21.22)

Den evige død

Dette er siste utviklingstrinn i dødsprosessen, der den får gå sin gang uhindret. I den evige død er den åndelige død definitiv. Den evige døde eksisterer fremdeles, men er for alltid avskåret fra det virkelige Livet – Livet i Gud.

"Da skal Han også si til dem ved den venstre side: Gå bort fra Meg, dere forbannede, i den evige ild, som er beredt djevelen og hans engler."
(Matt 25, 41-46)

Disse skal gå bort til evig pine, men de rettferdige til evig liv. Den evige død er dødens fullendte og endelige form. Derfor omfatter den mennesket til ånd, sjel og legeme.

Dødsriket
I følge Jesu lære er **dødsriket oppdelt i to avdelinger** av helt motsatt karakter. Det onde og det gode overflyttes umiddelbart etter døden, for å vente på oppstandelse og evig dom. I den ene avdelingen, "Abrahams skjød/fang" (Paradiset), samles umiddelbart etter døden de rettferdiges sjeler til glede og salig forventning. Mens de urettferdige føres til den annen avdeling, et "pinens sted". Her samles de som har tilsidesatt

Guds vilje åpenbart, i loven og den profetiske forkynnelse. (Luk 16,29-31) Den som forkaster Guds nådes åpenbarelser i ord og gjerning gjennom Kristus og Hans sendebud, forkastes av Gud selv og forvises til dette pinens sted.

Den rike mann og Lasarus
"Men det skjedde at den fattige døde, han ble båret bort av engler i Abrahams fang (skjød); men også den rike døde og ble begravet. Og da han slo opp øynene i dødsriket, der han var i pine, da ser han Abraham langt borte og Lasarus i hans fang. Da ropte han: Fader Abraham! Forbarm deg over meg og send Lasarus, for at han kan dyppe det ytterste av sin finger i vann og svale min tunge, for jeg pines storlig i denne lue. Men Abraham sa: Sønn! Kom i hu at du fikk ditt gode i din levetid, og Lasarus likeså det onde! Men nå skal han trøstes her og du pines." (Luk 16, 22-25)

De som velger Kristus i nådens tidshusholdning, går til "Paradiset" når de dør. "Og Han sa til ham: Sannelig sier

Jeg deg: I dag skal du være med Meg i Paradis." (Luk 23, 43)

De som opplever Kristi gjerninger, evangeliets forkynnelse, og ikke tar et standpunkt for Kristus, går til "pinens sted". "Og du, Kapernaum, som er blitt opphøyet like til himmelen; like til dødsriket skal du bli nedstøtt; for dersom de kraftige gjerningene som er gjort i deg var gjort i Sodoma, da var det blitt stående til denne dag." (Matt 11, 23)

Dødsrikets oppgave og makt er temporær.
I de ulike avslutningsfasene i Guds frelsesplan, må det gi sine innvånere tilbake i forbindelse med de ulike trinn i oppstandelsen. Når den **evige dom har anvist enhver hans plass for evigheten**, er dødsrikets oppgave løst. Men **inntil** den tid, er alle **i forvaring i dødsriket.** Enten i "Abrahams fang" eller i et "pinens sted." Det er ingen mulighet for et menneskes ånd å forlate dette åndelige området. Ut av "Abrahams fang" eller "pinens sted" vil man ved Guds suverene autoritet (og ved menneskets egne viljes-beslutninger i livet

før døden), **bli overført til sitt evige bestemmelsessted etter den evige dom.**

Det er demonene som trer frem
Så i enhver spiritistisk seanse, hvor en ”person” trer frem via et ”medium”, er det ikke personen som søkes som trer frem, men en demon. De har den tilgjengelighet i våre omstendigheter og liv som de blir gitt. De utgir seg for å være personen som søkes.

Vi har et eksempel på dette i Bibelen: ”Da sa Saul til sine tjenere: Finn meg en kvinne som kan mane frem døde, så vil jeg gå til henne og spørre henne! Hans tjenere svarte: I En-Dor er det en kvinne som kan mane. Så gjorde Saul seg ukjennelig og tok på andre klær og gikk så til kvinnen om natten. Og Saul sa: Spå meg ved å mane frem en død og hent opp til meg den som jeg nevner for deg! Kvinnen svarte ham: Du vet jo selv hva Saul har gjort, hvorledes han har utryddet dødninge-manerne og sannsigerne av landet, og hvorfor setter du da en snare for mitt liv, så du fører død over meg? Da svor Saul henne en ed ved Herren og sa: Så sant Herren lever, skal ingen skyld komme på deg i denne sak.

Da sa kvinnen: Hvem skal jeg hente opp til deg? Han svarte: Hent Samuel opp til meg." (1 Sam 28, 7-11)
Denne kvinnen fra En-Dor, var en dødninge-maner. Hun skulle være i stand til å kalle de døde frem fra døden. (Hvilket ikke er mulig!) Hun var spiritist og **sa** til Saul at hun hadde manet frem Samuel**. Det var ikke Samuel som åpenbarte seg, men en demon.** Denne demonen hadde **kjennskap til Samuel, og utgav seg for ham.** (Se avsnittene: Spiritismens og dens historie, og Dødsriket).

"For vi har ikke kamp mot kjøtt og blod, men mot makter, mot myndigheter, mot verdens herrer i dette mørke, mot ondskapens åndehær i himmelrommet." (Ef 6,12)

"Gi ikke djevelen rom!" (Ef 4, 27)

"Motorveier" i psyken
Kampen om livet ditt er i psyken, i din hjerne, og den foregår med ord. Ord er åndelige, de er reelle usynlige sverd for den tredimensjonale fysiske verden.

Demonene kommer som piler med sitt budskap til ditt tankeliv. Åpner du opp for dem, vil de komme inn. Måten du åpner opp for dem på, er at du identifiserer deg med dem. **Demonenes tanker identifiserer seg alltid med deg,** og ikke seg selv, slik at **du skal tro de er fra deg.** Tror du det, så slipper de inn i din psyke og binder deg – du har da fått et problem. Du har blitt bundet i din psyke av demoner. (Ef 6,16)
De vil jobbe og jobbe i din psyke og bygge en **permanent "motorvei"** av de tankene de har kommet inn i psyken din med. Denne "motorveien" **må brytes ned og fjernes,** det kan bare gjøres på en måte. Samtidig som den gamle brytes ned og fjernes, **må det bygges en ny "motorvei."** Den nye "motorveien" må bygges med **Guds Ord, Bibelen.** Det er en prosess som vil går over tid.
For noen vil det ta lengre tid enn andre. Men ved et overgitt liv til Kristus, trofasthet og standhaftighet til Guds Ord, vil det lykkes.

"Vær derfor Gud undergitt, stå djevelen imot og han skal fly fra dere."
(Jakob 4,7)

Dette er et nøkkelvers i denne sammenheng.

Forvirrende tankestorm skaper feil celler
Annerledes er det når vi kommer til fysiske sykdommer. Her er det snakk om demoner som angriper legemet. Det er viktig å forstå: At det som selv er skapt, ikke kan skape. Det betyr at demoner som selv er skapt, ikke kan skape noe som helst. De kan derfor ikke skape sykdommer. De går derimot **til angrep** med åndelige tanker på friske legemsdeler, utvendig og innvendig. De angriper med forvirringsånder.

Tenk deg hvis du skal regne ut et regnestykke i hodet, mens en person står ved siden av deg og sier en hel masse tall i et høyt masende tempo mot deg. Da vil du få et kjempe problem med å komme frem til rett svar i ditt regnestykke. Det samme skjer med en legemsdel som er en levende skapning, og som stadig utvikler seg med nye celler i rett orden. Når det da kommer en forvirringens ånd med angrep, så blir det like vanskelig for legemsdelen å produsere celler i rett orden, som det var for personen med regnestykket. Kan du se det - sykdom er på vei inn.

Seieren vinnes her på samme måte som i psyken, ikke med stress - men **ved bruk av Guds Ord, i tro og tillit til det.**

Mine erfaringer med demoner i en tjeneste på 40 år

Etter at jeg hadde gått de første årene i lære hos Jesus, med fordypning på utdrivelse av onde ånder og helbredelse, begynte jeg å få en viss oversikt over saken. Jeg kommer her med noen punkter på dette fra egne erfaringer.

1

Har du kommet til det punktet i ditt liv at autoriteten over demonene er din, vil de avsløre seg for deg når du kommer. Oppsøk aldri demonene, du får dem ikke ut likevel. De forstår at du ikke har makt over dem, men kan derimot skape problemer for deg. Demonene forstår når du er på tynn is.

2

Når du har gitt en befaling om at demonene skal gå, vil de gå når du har autoriteten. Du behøver ikke vente for å se resultatet. I det ligger det vantro. Vi har ikke det synlige for øyet, men det usynlige. Du tror det du gjør, du har gitt befalingen og demonene må adlyde. Om de går øyeblikkelig eller etter en liten stund, spiller ingen rolle. Går gjør de. Befalingen er gitt med autoriteten fra Guds Ånd i din ånd – i Jesu navn. Du kan bare hviske, her trengs ikke kjøttets skrik.

3
Det å spørre demonene etter navn og hvor mange de er, eller hvor mange som eventuelt er igjen, er bare spørsmål for din egen nysgjerrighet. Dette vet demonene, og vil benytte seg av det og skape forvirring. Demonene ler av deg, de forstår du er uerfaren og at du er på tynn is.

4
Her er ikke rom for usikkerhet, ei heller dåraktig overmot. Her er det troens fulle visshet som gjelder.

5
Demoner skriker ikke alltid når de kommer ut. En utdrivelse kan ofte skje uten noen reaksjon fra den plagede. Den eneste reaksjonen den plagede ofte har, er at det oppleves frihet!

Kapittel 15

Be i Ånden mot ånd – Be i kjøttet mot ånd

Vi kan være på bønnemøter, be korrekte bønner, men får vi svar på bønn?
Plutselig en dag gikk det et lys opp for meg angående saken. Hva skjer hvis jeg ber i kjøttet, i det sanselige mot det åndelige for bønnesvar? Jeg hørte meg selv svare: Det skjer ingenting! Vi lever i den nytestamentlige tid, og langt ut i den. Vi har passert middelalderens vanskeligheter og kommet inn i større lys i Ordet.
Vi ser stadig mer i Ordet, men hjelper det oss noe, hvis vi bare ber fra kjøttet mot ånden? **Må vi ikke bruke åndelige våpen mot åndelige fiender …?**

"Vandre i Ånden, så skal dere ikke fullbyrde kjøttets begjæringer. For kjøttet begjærer imot Ånden, og Ånden imot kjøttet, de står hverandre imot, så dere ikke skal gjøre det dere vil." (Gal 5, 16.17)
Her ser vi forvirring også kommer inn på banen. Det er Satan som ut ifra det åndelige kommer med det som vi da aksepterer i kjøttet. Herren krever i Sitt Ord, hvis vi

virkelig ønsker å tjene Ham, at vi gjør Ham til den virkelige Herre i våre liv. Det vil da si at vi adlyder Hans skrevne Ord, Bibelen.

Da er Paulus brev til Romerne ypperlig: "Dersom du med din munn bekjenner Kristus som Herre, og i ditt hjerte tror at Gud oppvakte Ham fra de døde, da skal du bli frelst." (Rom 10, 9)

Jesus som Herre, en nødvendighet

Jesus som Herre er den første nødvendighet. Ikke kjøttet som Herre, men Kristus i Ånden som Herre. Hør videre hva Jesus sa til disiplene:

"Dersom dere blir i Meg, og Mine Ord blir i dere, da be om hva dere vil og dere skal få det." (Joh 15,7)

Hva sier Han? Jo, "vandre i Min Ånd." Vi ber i Ånden, vi ber i Guds Hellige Ånd, den seirende Ånd - og beseirer Satans ånd og demonenes ånd. Så **vær bevisst i Den Hellige Ånd når du ber for svar.** Du skal få et personlig kjennskapsforhold i Åndens verden.

Satan angriper Gud fremdeles
Satan vet mer enn noen andre at han har tapt for evig og at han skal i ildsjøen der han skal pines natt og dag i all evighet. (Åp 19,10)

Nettopp derfor, i sin dårskap og stolthet, fortsetter han å angripe og plage (så godt han kan) menigheten - eklesia - de utvalgte.

Angrep mot Guds menighet fra Satan og demonene i den åndelige verden.
Det sørgelige i Guds forsamling (felleskap, koinonia), er at de fleste gjenfødte ikke utvikler seg til åndelig modenhet, men forblir på det åndelige barnestadiet. Dette gjør da de gjenfødte til et lett bytte for Satan og demonene, som vi ser verden over. Demonene vever seg inn i de gjenfødtes personlighet og karakter, og gjør dem til et redskap for Satan og demonenes gjerninger. Ikke alt vi opplever som åndelig er Åndelig, altså fra Den Hellige Ånd. Mange kristne roper høyt ”halleluja” så fort noe overnaturlig skjer, men det betyr ikke at det er fra Gud.

Overnaturlig er overnaturlig enten det er fra Guds side eller Satans side. Her trenger vi evne til å skjelne hva som er Gud og hva som er Satan.
Jeg snakker ikke her om å ha gaven/evnen til å prøve ånder som følger tjenestegaven og må trenes opp. Jeg snakker om det å leve et normalt kristenliv i modenhet. Gjør vi det, vil vårt åndelige liv være så sterkt at vi vil være i stand til å skjelne det rette fra det gale.

Kristne tror de ser demoner
Det er tragisk å se så mye umodenhet blant oss seirende, gjenfødte og Kristus troende. Enkelte mener å se demoner både her og der. Når man har den troen og holdningen i sin umodenhet, vil man selv bli et offer for demoners påvirkning. Videre kan det skje at man igjen kunne bli et redskap for demonene, i sin omgangskrets og menighet, uten engang å vite om det.

Nå må det være nok
Ved flere anledninger hvor jeg har vært på møter uten å tale, har jeg måttet stoppe mennesker i deres forbønn i slutten av møtene. Jeg har bedt dem slutte å plage

mennesker ved å påstå at de er demonbesatte. Kristne tror ofte de har kjennskap til ting de absolutt ikke har, som i slike tilfeller. Mennesker blir offer for overgrep av såkalte demonutdrivere. Mange tror alt er så enkelt når «utdrivelsen» kun foregår i et menighetslokale. Få disse "demonutdriverne" ut på gaten, så vi kan få se om de har hva de påberoper seg å ha.

Demoner i menigheten
Det er så mange umodne forsamlinger, de merker ikke en gang at demonene nærmest bruker forsamlingen som en lekestue. De er der og gjør sine triks og etterligner det åndelige og bringer problemer inn på bordet til de kristne.

Ta ikke Satan i hånda
Mange kristne har helt mistet synet av Satan og demonene, hvis de da noensinne har visst om dem? Det er et annet spørsmål. De tenker aldri på dette. Ikke at vi skal gi dem voldsom oppmerksomhet, men som modne kristne bør vi ha en oversikt over det åndelige bildet. Vi må vite hvordan vi skal forholde oss til det, og leve i den forståelsen.

Kristenlivet må utdypes. Det må bli mer enn at vi **sier** vi tror på Jesus, og er fornøyd med det. **Kristen bevisstløshet** er som å strekke hånda ut til Satan, han får makten i livet ditt uten din viten. Ta ikke Satan i hånda.

Kapittel 16

Din kamp er med Ord i Ånden – ord er åndelige

Ta enhver tanke til fange, under lydigheten mot Kristus

"For våre stridsvåpen er ikke kjødelige, men mektige for Gud til å omstyrte festningsverker. Idet vi omstyrter tankebygninger og enhver høyde som reiser seg mot kunnskapen om Gud, og tar enhver tanke til fange under lydigheten mot Kristus." (2 Kor 10, 5)

"Da Jesus så deres tanker, sa Han: Hvorfor tenker dere så ondt i deres hjerter?" (Matt 9,4)

Jesus så inn i ånden og så tankene.
"Men Jesus visste deres tanker."
(Matt 12, 25)

"Men det **kom en tanke opp i dem** om hvem som var størst iblant dem. Men da så Jesus deres hjertes tanke." (Luk 9,46.47)

Vi leser videre: ”For vi har ikke kamp mot kjøtt og blod (legemet og sansene), men mot makter, mot myndigheter, verdens herrer i dette mørke, mot ondskapens åndehærer i himmelrommet.” (Ef 6, 12) (Dette er åndelig).

Vi ser det er forskjellige navn på disse demonene. Noen forfattere har satt opp en rangering på dem og forklart videre ut fra det hvordan de arbeider. Dette er feil, det kan vi ikke gjøre, for Skriften forklarer oss ikke noe om det. Det er nok å vite det som står.

Videre i vers 16 i samme kapittel står det: ”Og grip foruten alt dette troens skjold, som dere skal slukke alle den ondes brennende piler.” (Ef 6,16)

Vårt sinn

Vi ser at alle de demoniske angrep fra demonene i vers 12 skjer ved den ondes brennende piler. Dette er **brennende tanke-piler eller følelses-piler,** som vil vinne vårt sinn og våre følelser, vår sjel/personlighet.

Vårt legeme

Noen demoner kan gå videre i nedbrytnings-prosessen av deler av vårt legeme.

Det er ikke vanskelig å forstå dette, åpenbaringen ligger så opp i dagen.

Ta Satan og demonene med Ordet

I stor grad er det på denne måten Satan angriper, og vi må ta ham med Guds Ord. Vi må bare sørge for å være i Ånden, slik at Guds Ånd i oss, i Ordet, går imot Satan og demonenes ånd, og vinner seieren. Det som skjer med de fleste kristne er at de ikke kobler tanker og følelser opp mot det åndelige. De tenker at tanker er tanker og følelser er følelser. Ja, det er riktig, men de er åndelige.

Alle våre tanker og følelser uansett, er åndelige.

Tanker og følelser er en viktig bestanddel i vårt åndsliv. De kan ikke skilles, **enhver tanke gir en følelse og enhver følelse gir en tanke**. Våre liv er styrt av tanker og følelser. Forstyrrelser i tankelivet når du skal be, er demoniske. Forstyrrelser i tankelivet er åndelige og må behandles deretter, altså åndelig. (Jeg skriver et kapittel om hvordan dette gjøres i slutten av boka).

Hva får et menneske til å drepe?

Vi ser unge mennesker foreta massedrap på skoler i USA. Ikke bare voksne dreper, men også barn. Dette har blitt vist gang på gang på TV. Terrorhandlinger av forskjellige grupper verden over, dreper mennesker i mengdevis. Dette har nesten blitt en daglig hendelse. Vi ser det på TV (også som underholdning) - og løfter nesten ikke på øyelokkene lenger. La oss våge å se virkeligheten i øynene: Det er Satan og demonene som bruker mennesker som sine instrumenter til å utføre det de ønsker. Ondskapens tanker og følelser tilhører Satan og demonene.
Er det så vanskelig å forstå? Selvfølgelig må vi stå til ansvar for våre gjerninger, for vi har valgt å adlyde med vårt viljeliv.

Satan og demonene har et våpen – det er tanker og følelser.

Dette er veldig snedig gjort av åndeverdenens ondskap. Tanker og følelser

er noe vi bruker i hele vår bevisste tilstand hele livet igjennom.
Demonene identifiserer seg med deg, med alle tanker og følelser de ønsker å styre deg med.
Selvfølgelig ser **vi** det som **våre tanker** og følelser alt sammen. Det er **i oss** demonene identifiserer seg med oss. De infiltrerer seg i deg som et vevd teppe, hvis de får tillatelse.

Satan får deg til å identifisere hans tanker som dine.
Han kan tale inn i en persons tankeliv og si: Jeg ønsker å drepe så og så person. Han sier det ikke som en befaling: Drep så og så person. Da er det en annen person som snakker til deg. Han **gjør ordene til dine ord** slik at det er ditt eget ønske og valg du hører i ditt tankeliv. Snedig eller hva? Satan er en løgner, ja, en bedrager og en morder. (Joh 10,10) Han vil ta oss alle hvis han kan.

Satan vil ufarliggjøre alt destruktivt for menneskeheten
Hør hva Bibelen sier: "Og når de sier til dere: Søk til dødningemanerne og sannsigerne som hvisker og mumler, da skal

dere svare: Skal ikke et folk søke til sin Gud? Skal en søke til de døde for de levende?" (Jesaja 8,19)

Det florerer i samfunnet av åndelige utspring fra Satan og demonene, som mennesket gladelig søker til. Du møter de daglig i media, de som kan fortelle deg om din fremtid. Det er såkalte sannsigere som mennesker tar imot budskap fra. Det er en hel del andre alternative åndelige retninger du også kan treffe på.
Du treffer de på alternativmesser som blir arrangert hvert år i de store byene. Alt dette er åndelig og det kommer fra Satan og demonene. Satan ufarliggjør seg selv, han vil ha seg selv akseptert.

Satan tapte for 2000 år siden
Den omstridte grunnleggeren av "The First Church of Satan" i Los Angeles, som han grunnla for 40 år siden, som også er forfatter av Satan-bibelen, døde i 1997. På sitt dødsleie ropte han på Jesus og sa han hadde tatt feil! I det øyeblikk som skulle være satantilbederens høydepunkt, hvor han skulle gi "kraften" videre! I stedet ble det,

som vi alle vet, et nederlag igjen for Satan. For han er allerede evig beseiret.

Guds kraft er sterkere enn Satan

Satan skriker i redsel når Guds kraft kommer, dette har jeg opplevd i alle år i tjenesten for Herren. Seieren er evig vår, i Jesu navn. Bare ved at jeg har proklamert: **"Seieren er evig vår"** fra plattformen rundt om i verden, så er det som åndens verden revner og demonene skriker og kommer ut av mennesker.

De Ord jeg taler til dere – er Ånd og er Liv

Jesus sa: "Det er Ånden som gjør levende, kjøttet hjelper ingenting. De Ord som Jeg har talt til dere, de er Ånd og de er liv." (Luk 6,63) Vi kan huske mannen som daglig lå ved tempeldøren som ble kalt "den fagre." Peter sa til ham: "Sølv og gull eier jeg ikke, men det jeg har, det gir jeg deg: I Jesu Kristi nasareerens navn, stå opp og gå! Så grep han ham ved den høyre hånd og reiste ham opp." (Apg 3, 6.7) Her ser vi at mannen ble øyeblikkelig helbredet. Med Guds Ords tanker i oss, som vi igjen sier til den syke i Åndens kraft. Og den syke tar det imot og blir helbredet. Fantastisk.

Den lamme muslimen ved den store porten

Jeg opplevde nøyaktig samme episode en gang i Pakistan. Jeg var akkurat ferdig med korstogsmøtet for kvelden og skulle reise til dem jeg bodde hos. På veien måtte jeg ut den store porten til møteområdet. Det var mange mennesker der og midt iblant alle satt en muslim i sin muslimske drakt. Han var lam. Da kom dette refererte verset til meg, og jeg gikk bort til mannen og siterte de samme ordene som Peter. Jeg tok mannen ved den høyre hånd og reiste ham opp. Mannen ble bokstavelig tatt på sengen. Han sto opp fullkomment helbredet! Han stirret ut i luften og forsto ingen ting, han som før ikke kunne gå, gikk nå! Dette skjedde i løpet av 20 sekunder fra jeg sa det til ham i Jesu navn - og til han var på beina. Dette fikk vi også et fint bilde av, jeg med krykkene, og mannen ved siden av meg. Alt er mulig for Gud, Satan har tapt, seieren er vår i Jesus Kristus. Guds Ord gjennom vår munn, er den levende virkekraftige Guds Ånd som oppfyller Kristi løfter til oss.

Vi proklamerer budskapet om kongeriket midt i ansiktet på Satan

Jeg hadde en møtekampanje i en større friluftspark utenfor et stort sykehus i byen Rasgrad (Bulgaria). Denne byen ble regnet for den **mørkeste og mest onde i landet**. Jeg hadde møter der i 4 dager. Møtedagen kom og jeg gikk til parken og opp på plattformen. Alle som hadde noe myndighet i parken, satte alt inn for å stoppe meg. De hadde arrangert stort ute-diskotek midt i parken for å stoppe møtene. Masse ungdom hadde samlet seg. Tillatelsen til å ha møtene hadde jeg fått, så rettmessig var jeg der. Med stor frimodighet satte vi i gang med musikk. Etter en stund tok jeg mikrofonen for å lodde stemningen - og merket motstanden. Jeg tok noen kraftige proklamasjoner gjennom mikrofonen ut i den åndelige verden. Ungdommene begynte å strømme til plattformen. Pasienter hadde begynt å komme til møtet i sine sykehuspyjamaser. Folk utenfra begynte også å strømme til. Jeg fortsatte med korte, kraftige proklamasjoner av Guds Ord. Folket sto etter hvert som spikret til bakken, seieren var etablert i Jesu navn! Så kom den ene pasienten etter den andre - i pyjamas -

opp på plattformen for å fortelle om sine helbredelser. De kom til sykehuset for å få hjelp. Og hjelp fikk de, men fra Jesus!

De demonplagede bøyde hodene og la hendene på plattformen

De demonplagede samlet seg foran plattformen, det var et underlig syn. De la hendene opp på plattformkanten og bøyde hodene. De kom med underlige lavmælte lyder og sto og ventet på meg. Det var mange tusen i parken. Dette var et syn vel verdt å huske. Etter hvert som jeg la hendene på hodene deres, kom demonene ut med høye skrik. De ropte høyt: "Jeg er fri, jeg er fri!" Mennesker over hele parken gråt av glede da de opplevde dette skje med de plagede. Mennesker ble frelst i tusentalls, og de syke helbredet. Dette gjorde at det ble et mektig Åndens gjennombrudd i byen. Mørkets og ondskapens by ble forandret. Jesus hadde kommet.

Tror du på evangeliets kraft - våger du proklamerer det - og det virker!
Tror du ikke på evangeliets kraft - vil du heller ikke proklamere det - og det vil heller ikke virke igjennom deg.

Kapittel 17

Åndens virkelighet

Fra filosofers teoretiske verden

Jeg tar med noen absolutter fra den filosofiske teori, angående den virkelige og fundamentale verden. Vi som er født på ny, er gjenfødt i denne verden som er den åndelige verden. Jeg tar det med for å vise verdens dårskap, en dårskap som fødes gjennom motstand mot Jesus Kristus og Hans forsoningsverk for hele menneskeheten, på Golgata. Ateister og andre motstandere av Jesu Kristi evangelium, har ingen mulighet til å forstå dette. Langt mindre mulighet til å komme inn i den åndelige verdens virkeligheter. Denne virkelighet er forbeholdt de gjenfødte, som har Jesus Kristus som Herre. For å komme inn i dybden av dette som en gjenfødt, kreves det målbevissthet. Man må satse alt, med et overgitt liv til Kristus og tro på Hans Ord som det står skrevet. Det igjen betyr at man lever det ut i praksis i den verden vi lever. Bibelen sier:

"Så som vi ikke har det synlige for øye, men det usynlige, for det synlige er timelig, men det usynlige er evig." (2 Kor 4,18)

"For i Ham er det vi rører oss og er til, som også noen av deres poeter har sagt. For vi er også Hans ætt." (Apg 17,28)

"Gud er Ånd." (Joh 4,24)

Paulus opplevde i sin tid at tidens filosofer og tenkere lette etter Gud, om de kunne føle og finne Ham. (2 Kor 4,27)

Vi lever i 2 verdener samtidig – den åndelige verden og den fysiske verden

Det er ikke vanskelig å se den store dårskapen. Her finner man mennesker som i sin gudsfornektelse, søker etter en virkelighet de ikke vil ydmyke seg for. For oss som lever våre liv for Kristus Jesus, er det hele åpenbart. Vi lever i det, vi rører oss i det. Vi lever i Den Hellige Ånd, i Åndens verden. Det som er den mest virkelige verden. Samtidig som vi lever her i den fysiske verden, hvor alt registreres ut ifra våre sanser i legemet.

Fysisk og åndelig sanseapparat

Som en gjenfødt overgitt kristen, har vi 2 sanseapparater fungerende.
Det ene sanseapparatet kontakter vi den

fysiske verden med, det andre er den åndelige.
Jesu sa det så fint: ”Er det ved Guds finger Jeg driver ut de onde ånder, da har jo Guds/himlenes rike kommen til dere.” (Luk 11,20)
Her ser vi at Jesus er i den fysiske verden, samtidig som Han arbeider i den åndelige verden.

Metafysikk

Metafysikk er den delen av filosofien som studerer ”virkelighetens fundamentale natur”. (Et annet navn som også brukes er ontologi.) Her igjen ser vi intellektets forsøk på å nå en høyde av kunnskap og kjennskap de ikke har noen mulighet til å oppnå. Det hele blir for de gjenfødte en dårskap.

Filosofien om Metafysikk

Metafysikk ble brukt til å betegne studiet av fenomener «bak» eller «over» naturen. Metafysikk defineres imidlertid også på andre måter: I hverdagsspråket brukes ordet *metafysisk* til dels i betydningen «uforståelig» eller «svevende».

Dersom vi ser oss omkring ser vi mange ting - trær, hus, biler, veier, mennesker, osv. Dette utgjør den fysiske, den direkte sansbare virkelighet. Dette er en uttalelse fra det filosofiske selskap. I metafysikken beskjeftiger man seg med spørsmål som disse: Finnes det noe mer enn den virkelighet vi sanser, er det «noe bortenfor» i en slags annen dimensjon? Istedenfor å gjøre seg selv til en dåre, hvorfor ikke rett og slett bøye kne for Jesus Kristus og ta Ham imot som Herre og Frelser, og bli en del av evighetens herlighet.

Filosofer og ateister er djevelens redskaper

Et blikk på Europa - og vi forstår det. Ateismen har tatt kvelertak på Europa. Opp igjennom de siste århundrer, har filosofene kommet med alle sine teorier og synsinger, om alt som har med menneskets liv å gjøre. Disse synsinger og teorier har blitt tatt til hjertet av folket, jeg vil si av en usynlig tvang. Disse teoriene har satt Gud Jehova til side og erklært at det ikke finnes noen Gud. **Enhver med gjennomsnitts intelligens forstår at Skaperen er den som har oversikt over det skapte.** Teoriene

fremhever menneskets dåraktige suverenitet i sine muligheter på planeten jorden. Disse teoriene har blitt tatt til hjertet av mang en politisk retning. Menneskeinnsatte ledere har trodd på teoriene. Husk: **En teori er kun i tankeverdenen.** En teori er ikke noe håndfast, konkret, beviselig eller praktisk synbart. Noe som ikke finnes, er heller ikke anvendelig. Disse **teorier** har da disse ledere satt ut i praksis, gjennom sine politiske programmer.
Dette har fjernet Kristus fra nasjonene, og ugudelighetens moral har naturlig nok da fått tak. Jeg stiller spørsmålet: Hvem står bak alt dette? Mitt svar er: Satan og demonene. Vi ser ikke fienden, for han er usynlig. Han tilhører den åndelige verden som materialiserer sine tanker og følelser på jorden, som her gjennom politikere som former nasjonene.

Det er tragisk, menneskeheten får ateismen inn med morsmelken

De blir gitt av foreldre, barnehager, skoler og yrkeslivet. Barn og ungdom drikker Cola, spiser potetgull, ler, fleiper, ser vampyrfilmer, groteske drap og voldsfilmer. Dette har de som kos og underholdning.

Er Satan og demonene bak dette? Svar selv.

Satan kommer ikke i begravelsen

Hør det tragiske i hva Bibelen sier: "Og den fjerde engel tømte sin skål ut på solen; og den fikk makt til å brenne menneskene med ild. Og menneskene brente i svær hete og de spottet Guds navn, Han som har makt over disse plager, og de omvendte seg ikke til å gi Ham ære." (Åp 16, 8.9)

Se hvordan mennesket er bedratt - og gjennom løgnene dratt forbannelsen over seg. Dette er arbeidet Satan og demonene foretar i den usynlige verden, i ånden, mot menneskeheten. En ting er derimot soleklar: Satan og demonenes aktivitet kan og vil brytes ned i seieren i Jesu navn! Når Satan og demonene har fått manipulert, forvirret og fått mennesker til å adlyde, senker dødens teppe seg over dem. En ting kan jeg si deg: **Satan kommer ikke i begravelsen.**

Satan hater oss

Han tar fordel av alle våre svakheter, mentalt og fysisk. Skyter inn åndelige piler til enhver tid, han følger nøye med oss. Det er kanskje en skremmende tanke, men det er virkeligheten som den materialistiske verden ikke har enset på grunn av sitt en sidige blikk på den synlige verden rundt seg. Satan kommer hele tiden med ferdig konstruerte modeller for å skremme oss og fylle oss med frykt. Enkelte ganger klarer han å få skremt mennesker tilbake på sin side og igjen få dem bundet av demoner, som er Satans arbeidere. Vi ser at hele vårt samfunn svinger fra Guds side over til Satans side, selvfølgelig i forkledninger. Satan fortsetter å angripe hele tiden så massivt og kraftig som han kan. Det er dette som vil skje om og om igjen hvis bare bøyer av for ham. Han vil ta over mer og mer. Hvis vi ikke **omvender** oss til Kristus Jesus og Gud Jehova av **hele** vårt hjerte, er jeg redd vi ikke får forkynt evangeliet til alle stammer, tunger og ætter, slik at Jesus kan komme tilbake. I stedet går det med raske skritt mot en ny mørketid som i middelalderen. **Vi som kaller oss kristne styrer denne skuta.**

Satan forsøker å ta oss på alle fronter

Han ønsker å gjøre livet ditt til en tragedie av sykdommer fysisk og mentalt - men

Kristus har utfridd oss fra alt dette! Satan bruker skitne triks for å lure oss og undertrykker, binder og besetter med mentale og fysiske plager. Han er en torturistens ånd, og svinger hele vår kultur sin vei.
Husk! Det er **ikke en gang konkurranse** mellom Satan og Gud. **Guds storhet er mer enn nok, og Han gir oss trygghet og seier.**

Kapittel 18

Født på ny i Ånd – bli åndelig - leve i den Hellige Ånd – seire i Åndens verden – ta avgjørelser i Åndens verden

Født på ny i Ånd

Når vi blir født på ny forlater den syndefulle ånden oss (som har blitt uren på grunn av syndefallet), den skapelsen vi først er skapt i ved Adam og Eva, den ånden som er vårt egentlige jeg. Når den har forlatt oss, **blir vi gjort til nye skapninger i Kristus** gjennom at vi gir våre liv til Jesus og lar Ham bli Herre i våre liv. Da blir vi frelst. Det er en nødvendighet for Den Hellige Ånd å ha en ånd ubesmittet av syndefallet å flytte inn i. Den Hellige Ånd kan ikke ha samfunn med en uren ånd. Nå starter vår vandring, trening og læring gjennom Guds Ord, teoretisk og praktisk, så vi kan modnes i kunnskap, kjennskap, erfaring, forståelse - og ikle oss Åndens autoritet. Dette er en prosess som foregår helt til Jesu henter oss hjem, eller til vi blir bortrykket.

Leve i Den Hellige Ånd – seire i Åndens verden

Vi må lære å leve i Den Hellige Ånd i verden, vi må lære å leve i Den Hellige Ånd i Ånden. Vi må bli åndelige i Den Hellige Ånd i Åndens verden.

Bibelens lære og løfter, og vår overgivelse til Kristus, er vårt evige fundament for vår seier i åndens verden. Her må du inn før du blir åndelig seirende. Du må **vite hva du er åndelig, for å seire i Åndens verden** med Den Hellige Ånd. Du er ikke i stand til, og vil heller ikke ha autoritet til å ta avgjørelser i Ånden, uten at du har inntatt et område av autoritet og styrke i Jesu navn.

Kapittel 19

Det nye skrittet – fra sansenes verden til Åndens verden

Bønn i kjøttet - til kjøttet

Den sjeliske bønn bringer lite. I "vanlige" møtesammenhenger kan vi vel ikke si annet, hvis vi skal være helt ærlige: Våre kjødelige bønner i møtene bringer oss lite resultater. Det er "mye skriking som gir lite ull" som ordtaket sier. Det hjelper ikke med mye lovsang og mye bønner, hvis vi ikke er i Den Hellige Ånd, i Ånden. **Vi må ut på kampens arena, vinne slaget der det skal vinnes**.

Denne type bønn som er bønn i Ånden, er det kun du som kan lære av Den Hellige Ånd. Når du kommer til dette området i Ånden, at du lærer av Den Hellige Ånd - da er du i gang. Det er ikke bare å henge med på bønnene i et møte. Hvor man ofte også er et helt annet sted med tankene, mens man er i den såkalte bønnen. Kjøttets unyttige bønner er en tragedie. Du lærer kun å leve i ånden i den Hellige Ånd, ved bevisst å begynne å praktisere det. Du blir ikke kjent med Guddommen før du søker ut og blir der i sammen med Guddommen. Da lærer du den å kjenne.

Bønn er samfunn og samarbeide med Guddommen

Søk Gud til du finner Ham. Når du finner Ham, bli da hos Ham. Da vil du lære å kjenne Guddommen og den åndelige verdens realiteter i sin helhet.

"Jesus sa: Men fra døperen Johannes dager inntil nå, trenger de seg med makt inn i himlenes rike, og de som trenger seg inn, river det til seg. (Matt 11, 12)

Her nytter det ikke å komme i kjøttet.

"Men jeg sier dere: Vandre i Ånden, så skal dere ikke fullbyrde kjøttets begjæringer." (Gal 5,16)

Ser du det? Skal vårt liv i Ånden fungere - må vi ikke bare være der en gang i blant, men leve der døgnet rundt. Det å leve for Jesus Kristus er ikke en livsstil, det er ikke et liv du later som du har. Enten har du Livet, Jesus Kristus, eller du har Ham ikke.

Livet med Kristus er ikke en livsstil, men **selve Livet.**

Lønnkammerbønn i Den Hellige Ånd
La oss se litt på hvordan komme inn i "lønnkammerbønn".
Lønnkammerbønn betyr: Ro i lite rom, i menneskets indre.

"Menneskets ånd er en Herrens lampe, den ransaker alt i menneskets indre." (Fork 20,27)

La oss komme avsides og finne roen. "Og Jesus sa til dem: Kom nå dere med Meg til et avsides øde sted og hvil dere litt ut." (Mark 6,31)

"Men du, når du ber, gå inn i lønnkammeret ditt; Og når du har lukket døren din, skal du be til din Far som er i det skjulte. Og din Far som ser i det skjulte, skal lønne deg åpenlyst." (Matt 6,6) Å klare å falle til ro innfor Gud krever trening, og tar lang tid. Man skal klare å lukke sansenes porter, legge kjøttet i ro.

"Men jeg sier: Vandre i Ånden, så skal dere ikke fullbyrde kjøttets begjæringer. For kjøttet begjærer imot Ånden og Ånden imot kjøttet, de står hverandre imot, så dere ikke skal gjøre det dere vil. Men dersom dere drives av Ånden, da er dere ikke under loven. Men Åndens frukt er: Kjærlighet, glede, fred, tålmodighet, mildhet, godhet, trofasthet, saktmodighet, avholdenhet. Mot slike er loven ikke." (Gal 5,16-18.23)

La oss lese videre: "Og seks dager deretter tok Jesus med Seg Peter, Jakobs bror Johannes og førte dem avsides opp på et høyt fjell. Og Han ble forklaret for deres øyne, og Hans åsyn skinte som solen, og Hans klær ble hvite som lyset." (Matt 17, 1.2)

Vil du høre Guds stemme må du inn i Den Hellige Ånds verden i Ånden. Du må forstå at tanker og følelser er åndelige. Alle forstyrrende tanker og følelser som kommer til deg, uansett hvor dagligdagse og personlige de er, så er det demoner som ikke vil du skal få roet ned tanker og følelser. Demoniske **støysendere** vil uroe og forstyrre oss. Det kan ta lang tid og mange timer innfor Herren før det begynner å stabilisere seg for deg. Gud bruker din stemme. Du må lære å skjelne **Guds Ord** i din stemme og dine **egne ord** i din stemme. Klarer du å få det stille i dine tanker og følelser i et sekund, så vil du høre Guds stemme. Han taler til alle Sine barn, men vi hører ikke.

Les hva Salme 78,2 sier: ”Jeg vil opplate Min munn **med tankespråk**, Jeg vil utstrømme **gåtefulle ord fra fordums tid.”**

Her har du det - det tar lang trening før du klarer å skjelne dette. Litt etter litt vil du lære å skjelne din stemme og Guds stemme. I denne prosessen vil det også komme mye annen åndelig kunnskap inn på banen til deg. Kunnskap som det er helt nødvendig for deg å ha med, i vandringen i Den Hellige Ånd i Åndens verden.

For Herren er 1 dag som 1000 år

Husk at for Herren er 1 dag som1000 år, så Han får fortalt deg det Han vil på et sekund. Men du må finne sekundet, så kommer det. Her er det ikke bønnehyl, Jerikomarsjer, krigstunger eller fødselsbønner (som mange

har bedrevet) som gjelder. Her søkes Herren på Bibelens grunnlag, dette er virkeligheten. ”Den som taler i tunger oppbygger seg selv.” (1 Kor 14, 4)
Når du går inn i bønn på denne måten, vil uro i tankene plage deg. Da roer du ned før du går videre. Det gjør du ved å be i tunger inne i deg. Når du har fått roet ned, går du på igjen, jobber og jobber for å få tanker og følelser til å legge seg helt i ro.

”På samme måte kommer også Ånden oss til hjelp i vår svakhet. For vi vet ikke hva vi skal be om for å be rett, men Ånden selv går i forbønn for oss med usigelige sukk som ikke kan uttrykkes i ord. Og Gud som gransker hjertene, vet hva Åndens attrå er, for det Ånden ber om for de hellige, er etter Guds vilje.” (Rom 8,26-27)

Her er det en helt ny verden å komme inn i bønnen på.

Kapittel 20

Å vandre i Ånden

Det som vi kaller å vandre i Ånden er: Å leve et liv med Jesus Kristus som Herre. **Jesus vil aldri være mer Herre i ditt liv, enn det skrevne Guds Ord er Herre i ditt liv.** I den grad vi lever i lydighet til Bibelens ord, er Kristus Herre i vårt liv. Er ditt liv i denne posisjon, vil du allerede ha blitt noe forvandlet. Litt etter litt vil du bli mer og mer lik Kristus. Det skjer selvfølgelig gjennom din lydighet til Hans Ord, Bibelen, fordi Kristus er Ordet.

Bibelen sier: "I begynnelsen var Ordet, og Ordet var hos Gud, og Ordet var Gud." (Joh 1,1)

Da ser vi det klart, i den grad Bibelens Ord er Herre i ditt liv, er Kristus Herre i ditt liv. Dette er den grunnleggende forutsetning for å vandre i Den Hellige Ånd i Ånden. Igjennom den innsikt du her mottar i Bibelen, vil du lære, oppøve og erfare og vandre i Den Hellige Ånd i Ånden. Dette lærer du ikke av noe menneske, men av Den

Hellige Ånd selv, i din nære relasjon til Ham i Ordet og bønnen.
Alt dette vil du komme inn i når du tar det seriøst. Du vil lære å leve i Ånden i Den Hellige Ånds liv, ild og kraft. Dette er å vandre/leve i Ånden. Det vil koste deg alt av deg selv å komme dit. Ønsker du det, så kommer du dit.

Lønnkammerbønn - Jesus i Sitt lønnkammer
"Da Han hadde sendt folket fra Seg, gikk Han opp i fjellet for å være for Seg selv og be. Og da kvelden kom, var Han der alene." (Matt 14,23)

Både før og etter Jesus var på fjellet alene, ser vi folkemengdens nød. Vi ser stresset, ropene om hjelp fra folket, spørsmålene fra disiplene - og alle de andre daglige gjøremål Jesus og disiplene hadde. Likevel ser vi Jesus gå for Seg selv for å be. Han var helt alene oppe i fjellet for å søke Sin Far. Jesus måtte også komme i rette posisjonen med Sitt liv, for å komme inn i Ånden og i nærkontakt med Gud, Sin Far. Jesus var et menneske som oss, selv om Han samtidig var Gud. Han hadde ingen fordeler, Han måtte søke Gud som oss for å få kontakt med Ham. Jesus måtte få lagt til ro Sine sanser fra signalene fra omverdenen. Han måtte få lagt helt til ro tanker og følelser. Han måtte lukke sansevinduene for omverdenen og åpne Sitt indre, Sin sjel og ånd mot Gud i Åndens verden. Det å komme til ro på en måte som dette er nødvendig. Men det trengs lang trening, det kan ta uker, måneder… ja, år?

Nå var tiden for Jesus inne for å lytte og se etter Gud i den åndelige verden. Gud åpenbarte Seg for Jesus gjennom Hans indre, som Han vil gjøre for oss. Her var Jesus inne i den åndelige verden. Han opplevde å leve i den fysiske verden og å leve i den åndelige verden, som du og jeg også kan gjøre i dag. Her er ingen forskjell. Er dette hva du vil, så er veien hard og lang, men du vil nå frem.

Da Herren hørte på Josvas røst
La oss gå til Det Gamle Testamentet og ta et eksempel derfra:
"Og aldri har det vært noen dag som denne, verken før eller siden, **da Herren hørte på en manns røst.**" (Josva 10,14)

Dette var i Det Gamle Testamentet, lenge før forsoningens dag. Vi ser klart at Gud talte til Sine tjenere, som Han også gjør i Det Nye Testamentets tid. Vi ser Gud hadde kontakt med mennesket både før og etter forsoningen. Etter forsoningen var vårt ståsted innfor Gud blitt helt annerledes enn det var i Det Gamle Testamentets tid. Nå hadde Jesu Kristi dyre blod, uberørt av synd, etter forsoningsverkets hendelse, blitt sprinklet på nådestolen i det himmelske - der Guds trone er. Og igjen åpnet døren for en fantastisk mulighet for mennesket: Å komme i kontakt med Gud gjennom Jesu dyre blod.

"Alle har syndet og fattes Guds ære. Og de blir rettferdiggjort uforskyldt av Hans nåde ved forløsningen i Kristus Jesus, som Gud stilte til skue i Hans blod, som en nådestol ved troen, for å vise Sin rettferdighet, fordi Han i Sin tålmodighet hadde båret over med de synder som før var gjort – for å vise Sin rettferdighet i den tid som nå er." (Rom 3, 23-26)

Solen sto stille
Da vi ser at Gud hørte på en manns røst om å be solen stå stille, hvor mye mer vil Han da ikke høre på oss, når vi kommer innfor Ham i vårt personlige lønnkammer. Josva møtte Gud i Åndens verden og fikk svar.

Hent ut seirene i Åndens verden
Her i Åndens verden med Den Hellige Ånds kraft og tro i våre hjerter, henter vi ut seirene som allerede er vunnet for oss. Som Satan urettmessig bruker så mye han kan etter sitt nederlag på Golgata. **Vår uvitenhet om våre rettigheter i Kristus … er Satans trumfkort**. Det kan vi ta fra ham om vi vil! Seirene i Åndens verden er våre.
Du kommer inn der du skal inn
Når vi målbevisst begynner å bevege oss inn i Ånden, er det Gud som bestemmer hvor langt inn i Åndens verden vi skal nå. Han vet hva Han vil bruke den enkelte av oss til. Derfor kommer vi hele veien inn dit vi skal, bare vi er villige å gi vårt liv for Ham.

Bønnegrenser
Du **må** ikke inn i bønnen på den måte jeg her har forklart. Når det gjelder oss og Guds

rike, er det ingenting som heter vi **må**, men **vi kan hvis vi vil,** og da får vi frukter deretter. Vi kan bevege oss på et mer overlevelses-nivå hvis vi ønsker det. Det å gå inn i dypet i ånden i den Hellige Ånd, kan ikke læres av noen. Vi er alle originaler som enkeltindivider, og behandles derfor individuelt. Gud har en måte for deg å entre dette fantastiske livet på, men da må du bevege deg den veien, av hele ditt hjerte. Hvis ikke blir det ingenting ut av det. Enhver vei fremover med Gud, er alt eller ingenting. Og da vil du få alt eller ingenting. Vår fiende Satan (og demonene) har ingen nåde med deg.
Men glem aldri:

"Alt er mulig, ja, alt er mulig for den som tror." (Mark 9,23)

Ingenting er umulig
Du kan bli en Åndens kriger som går fra seier til seier hvis du vil. Herren Gud vil Selv gjøre deg kjent og undervise deg i Åndens verden. Satan og demonene er under dine føtter - hvis du vil ha dem der. Du kommer inn der du skal inn, hvis du vil inn. Tror du det, så er du der.

Alt det du tror, vil du automatisk gjøre! Det du ikke tror, gjør du aldri! Forstå denne enkle åpenbaringen.

Hvis demonene avslører seg for deg - kan du kaste dem ut

Søk aldri opp demonene. Gjør du det, beviser du for ånden og den fysiske verden at du ikke lever i seier over dem. Hvis derimot demonene åpenbarer seg og er forstyrret av ditt nærvær, har du makten over dem i Jesu navn.

Demonene kjemper mot hverandre

Demoner har ingen ting til overs for hverandre, de har helt forskjellige ondskapens interesser overfor mennesket. Derimot av nødvendighet for å få suksess med sin ondskap, må de i enkelte sammenhenger samarbeide. Skal fryktens ånd få feste i et menneskes psyke, kommer først forvirringens ånd for å skape usikkerhet. Aksepteres usikkerheten, kommer fryktens ånd. Som igjen går på den allerede ”mørnede” psyken av forvirringens ånd, og drar i land en fryktens ånds seier. Og frykten er på plass. Vi ser demonene samarbeider noe, men de er i utgangspunktet fiender. De hater hverandre, de vil alle være den beste i ondskap. Det foregår en evig kamp dem imellom.

Det skapte kan ikke skape

Et punkt allerede nevnt, gjentar jeg fordi det er viktig å vite: Det skapte kan ikke skape. Verken Satan eller demonene kan skape noe, fordi de er skapt. De kan kun benytte seg av det som allerede er skapt.

Demoner har ingen næringstilførsel for å øke sin styrke, den er status quo

Satan og demonene er skapt, de er det de er. De får ingen tilførsel av noen form for næring, heller ikke kan de bli mindre enn det de allerede er. Slik de nå er i sin tilstand, vil de være til dommens dag. Da blir de dømt med en evig dom. For det som er skapt, kan ikke i evighet dø.

"Og djevelen, som hadde forført dem, ble kastet i sjøen med ild og svovel, hvor dyret og den falske profet var. Og de skal pines dag og natt i all evighet." (Åp 20,10)

Kapittel 21

Evne til å prøve ånder
"En annen kraft til å gjøre undergjerninger, en annen profetisk gave, en annen **evne til å prøve ånder**, en annen forskjellige slags tunger, en annen tydning av tunger." (1 Kor 12,10)

Her ser vi at evne til å prøve ånder er regnet sammen med de øvrige nådegaver. Vi ser "evne" ikke er nevnt med ordet "gave", og det er nevnt i entall.
En evne er en kunnskap, et fag du kan, en ferdighet. En ferdighet er en ting som må oppøves, man leser seg ikke til en evne. Når det er sagt, så står det for så vidt ingenting om denne evne i Bibelen. Det er to Skriftsteder som enkelte forfatter har trukket inn i denne forbindelse og det er:

"Men det skjedde en gang vi dro ut til bønnestedet, at vi møtte en trellkvinne som hadde en spådomsånd og som hjalp sine herrer til store inntekter ved å spå.
Hun fulgte etter Paulus og oss og ropte: Disse mennesker er den høyeste Guds tjenere, som forkynner dere frelsens vei.

Dette gjorde hun i mange dager. Da ble Paulus harm og vendte seg om og **sa til ånden**: Jeg byr deg i Jesu Kristi navn å fare ut av henne! Og den for ut i samme stund." (Apg 16,16-18)

Lever du overgitt som troende – vil demonene reagere på deg

Denne lille historien har ikke noe med evnen til å prøve ånder å gjøre. Derimot ser jeg det som en naturlig hendelse, som vil skje gjennom en gjenfødt person, som lever et liv overgitt til Kristus, som lever troens liv ut. Vedkommende person vil ha opparbeidet styrke i sitt åndsliv, som automatisk vil skape en reaksjon, slik som vi ser i disse bibelstedene.

Halleluja, her kommer den høyeste Guds tjener

Jeg hadde en helt lik opplevelse da jeg skulle ta ferge fra Likoni Island i Øst-Afrika inn til Mombasa by. En kvinne sto på en høyde og ropte: "Halleluja, halleluja, her kommer den høyeste Guds tjener." Vi ser at når demonene møter Den Hellige Ånds nærvær sterkt, blir de forvirret, og sier og gjør ting de ikke ønsker å gjøre.

Min erfaring med gaven
Min erfaring med denne gaven er at den kan bli en ren plage, fordi man opplever, oppdager, ser og kjenner fysisk og i ånden både smerte og ubehag.
Jeg har aldri sagt at denne gaven virker i mitt liv, men opplevelsen av konfrontasjoner i ånden har alltid vært der. Det gjør at jeg ser forskjellene på åndene. Slike ting har skjedd meg i dagliglivet også, som på kafeer i Norge. Mennesker har skreket "kristenpakk" til meg og bannet høyt. Dette har skjedd gjennom mennesker jeg aldri før har sett. Andre kan bråstoppe når de kommer opp ved siden av meg på gaten. Øynene vrenger seg i hodet på dem, så en bare ser det hvite. Når jeg har passert dem, kommer de til seg selv igjen. Dette er demonenes reaksjoner på et sterkt møte med Den Hellige Ånd.

En gang jeg hadde møter i Bergen og vi var i slutten av møtet, ba jeg for syke.
Med litt god menneskekunnskap, kan man lett "lese" litt om et menneske ved å se dem og deres åpenbare adferd. Slik har jeg alltid trodd jeg har hatt det på grunn av en god menneskekunnskap, også da i dette møtet.

Men etter møtet kom en eldre kvinne bort til meg og sa: ”Du tror din **menneskekunnskap** gjør at du kan si alt det du sier om mennesker. Det er ikke det,” sa kvinnen. «Dette er **evne til å prøve ånder** som virker i ditt liv». Dette hadde jeg aldri tenkt på**.** Jeg forstår det nå, at evnen til å prøve ånder **virker** i mitt liv, ikke at jeg har den.

Kapittel 22

Hvem vil Gud bruke?
"Er det ved Guds Ånd jeg driver de onde ånder ut?" (Matt 12,28)

For å bli brukt av Gud må vi ha Guds Ånd. Dersom du er født på ny, har du Guds Ånd, og innseglet, pantet på at du er et Guds barn. Du er da en av dem som Gud vil bruke.

"I Ham har dere også, da dere var kommet til troen, fått til innsegl Den Hellige Ånd, som var oss lovet. Han som er pantet på vår arv." (Ef 1,13-14)

Når du er født på ny, har du troens opphavsmann og fullender i din ånd. (Hebr 12,2) Nå ligger alt klart for neste steg, nemlig dåpen i Den Hellige Ånd.

"Jesus sa: Dere skal få kraft i det Den Hellige Ånd kommer over dere, og dere skal være Mine vitner." (Vitner: Martyrer, bevisprodusenter av Jesu seier på Golgata) (Apg 1,8)

Les hva mer Bibelen sier om saken:
"Da vi er født på ny, er vi troens folk og Guds krafts folk." (Apg 2,3)

"For alt det som er født av Gud, seirer over verden. Og dette er den seier som har overvunnet verden, **vår tro**." (1 Joh 5,4)

Da du er en som tror, skal disse tegnene følge deg. Hvilke tegn? Det ser vi i Markus 16,16: "Disse tegn skal følge dem som tror: I Mitt navn skal de drive ut onde ånder, de skal tale med tunger. De skal ta slanger i hendene, og om de drikker noe giftig skal det ikke skade dem. På de syke skal de legge sine hender, og de skal bli helbredet."

Utøv autoriteten som er gitt deg i Jesu Kristus

Utøv den autoriteten som er deg gitt i Jesus Kristus. Jesu seier er din seier - bekjenn seieren (Rom 10,10) - og handle på den. De fleste tror at bare noen helt spesielle skal oppleve disse ting i sitt liv, men dette kan fungere i ditt liv - hvis du vil ha det. Muligheten for det er gitt oss alle i Jesus Kristus.

"For dere **skal** kjenne Sannheten, og Sannheten skal frigjøre dere." (Joh 8,33)

Den viktige oppstart for tjenesten
La sannheten, Guds Ord, få gjøre deg disponibel som et redskap for Gud. Alt i Guds rikes tjeneste må oppøves, det fungerer ikke over natten som ved et mirakel. Hvis du virkelig ønsker å være et redskap i en tjeneste som dette, er det **Herren selv som har lagt dette ønsket ned i deg,** som du igjen tror på. Du **tror** på det, **fordi Han har lagt det ned i deg.** Hans åpenbaringskunnskap og vilje i deg - der har du det guddommelige startstedet for tjenesten! (Heb 11,1)

Når du begynner å søke inn i oppgaven, begynner dørene å åpne seg for deg, og læringen er i gang. Skritt for skritt, i feiling og seier vokser forståelsen, tryggheten og den sterke troen i tjenesten. Saken er at man må starte opp fra null. Herren lærer oss individuelt for tjenesten, også i bruk av gaver. Det er ikke noe du lærer på en bibelskole. Du blir skreddersydd av Herren for din unike tjeneste med den personligheten du har.

Kapittel 23

Den åndelige usynlige verden er som et flettverk i vår hverdag

Der er en skjult verden for det menneskelige øyet, som kun kan ses med det åndelige øyet. **Kristne** verden over, har for det aller meste **kun skrapt av overflaten av den åndelige verden.** Og knapt det. Selv der er Ånden sterk i -forhold til den styrken vi har som små mennesker i en annen dimensjon, den fysiske. Vi lever i en tid med frihet og muligheter til å gå på dypet i den åndelige verden, og det bør vi gjøre. Rundt oss i verden i dag ser vi mennesker som hengir seg sterkt til åndelige aktiviteter, som ikke har med Gud Jehova å gjøre.

Det er enkelt å forstå at her er det snakk om den åndelige verden hvor Satan og de onde ånder (demonene) er. Det vi her må ta tak i, er en naturlig åndelig sak, ikke noe spesielt og mystisk. **Det er snakk om realismens verden som vi lever i, men i stor grad fornekter, fordi vi ikke forstår den.**

Seieren er vår i Kristus

Venner - seieren er vår i Kristus! Satan og demonene vet det, men holder på likevel. Det er nesten ikke til å tro, de gjør det i sin dårskap. De lager mye unødig bråk, forvirring og lidelser. Vi kan stoppe plagene fra denne verden. Jeg sier det en gang til: **Det er seier i Jesu navn! Satan og demonene har sin tid igjen - så er det over for alltid.** Jeg har møtt Satan og de onde ånder/demonene over hele verden de siste 40 år. Og jeg har aldri opplevd annet enn seier i Jesu navn! Det er fordi Kristus Jesus har seiret ved Sin forsoningsdød.

Nå har jeg snakket om de mer åpenbare demoners angrep, og vår seier over dem i Jesu navn. Det er et vell av områder å gå inn på når det gjelder dette, fordi det har med hele vår eksistens å gjøre. Og da igjen alt som er med på å holde den eksistensens nivå oppe. **Satan og demonene fletter seg så godt de kan inn i alt i vår eksistens hverdag. Gir vi dem en åpning, henger de seg fast.**

Kapittel 24

Alle kan oppleve miraklenes Gud
Jeg har proklamert Guds skrevne Ord over hele verden i 40 år. Det som alltid har vært i min bevissthet, er at Gud følger opp sitt proklamerte Ord med Sin Ånd, i den grad jeg proklamerer det.

Salmen sier: "For Han talte, og det skjedde, Han bød, og det sto der."
(Salme 33, 9)

Her ser vi det skrevne Guds ord forklarer hendelsesforløpet jeg akkurat nevnte.
1
Når du lever fylt av det skrevne Guds Ord, og du tror det nok til å handle på det, sette det ut i praksis, nærmer seieren seg med raske skritt.
2
Videre: Du lever et overgitt liv til Jesus Kristus, i Hans nærhet, i bønnen. Da vil du komme nærmere og nærmere Jesus, og får det intime forholdet til Ham i Åndens verden. Der vil du få opplevelser som intet menneske kan gi deg. **Han skreddersyr deg for liv og tjeneste, alt i samsvar med**

det skrevne Guds Ord, Bibelen. Gud går aldri utenom det. Det som jeg alltid gjør i mine møter verden rundt mens jeg forkynner forsoningsverket, er å vente på at Den Hellige Ånd skal komme meg til hjelp og sanksjonere det Guds Ord jeg proklamerer.
Plutselig merker jeg Ånden kommer, jeg gjenkjenner Ham. Dette er velkjent for meg, for jeg lever med Ånden hver dag. Når den er på plass, er jeg klar til å stå på med voldsom frimodighet. Og Herren manifesterer Sitt Ord. Dette kan du også oppleve, du kan leve i det hver en dag. **Det viktigste for deg er å få det nære forholdet til Jesus slik at Han kan ta deg dit Han vil.**

Et kall for en siste nedtelling

Det Herren gjør i disse dager er å gi ut kallet for den siste nedtellingen. Hvor de som vil kan reise seg og bli de kjempene i Åndens verden som Gud ønsker de skal være. Gud vil ha deg på lag i Ånden som en proklamatør av Hans evige, seirende sannheter. Nå er du klar. La det runge i ditt indre: Mer enn en overvinner i Kristus, det er meg - for og i Ham.

Herrens tjenere trekker seg fra tjenesten

Herrens tjenere trekker seg fra tjenestene verden over. Nå må ikke du og jeg bli en av dem. Skillsmisseprosenten blant ikke-kristne ligger på 50 %, og den er ikke noe mindre blant de kristne. Likheten med den ikke-kristne verden er ikke bare på dette området, men på stadig flere områder. La oss gi alt for Kristus så vi kan komme inn i og bli hva Han har planlagt for hver enkelt av oss. Vil du ha virkelig suksess i livet, forkynn da Guds Ord. Lev i den Hellige Ånd, i ånden. Bli en Åndens autoritet, som denne verden er i stor lengsel etter. La verden få se Forløseren i deg, så Kristus kan komme tilbake.

På 70-tallet hadde vi Jesus-vekkelsen, hvor mengder ble frelst og tatt ut til tjeneste for Guds rike. La oss få se en Jesus-vekkelse igjen, enda sterkere enn den som var. Vi ønsker vår Jesus tilbake.

Åndens autoritet

Den kan du ikke lese deg til. Du må være villig til å dø i deg selv, slik at Kristus kan vokse frem i deg. Det er et spørsmål om du er villig til å forsake ditt eget liv og la Kristus bli Livet i ett og alt.

Døperen Johannes sa: "Han skal vokse, jeg skal avta. Han som kommer ovenfra, er over alle: Den som er av jorden, er av jorden, og taler av jorden. Han som kommer fra himmelen, er over alle." (Joh 3,30.31)

Det er det som er den store hemmeligheten for seier i Kristus: Han vil teste deg til grensen for hva du tåler, i linje med det skrevne Guds Ord, Bibelen. Han vil prøve deg på alle områder i ditt liv, men kun hvis du er villig til det. Du kan klare prøvelsene hvis du er villig til å avkle det jordiske og ikle deg det himmelske. Du kan bli en åndens kjempe for Kristus. Det er kun en autoritet i kosmos og på planeten Tellus, Jorden, og det er Guds autoritet. Guds autoritet kan bli virksom i ditt liv for Guds rikes fremme, hvis du vil. Dette kan du ikke lese deg til, ei heller forestille deg at du har, som i et skuespill. Nei, den går ikke. Her er det kun **prøvelsens vei** i smerte som teller. Er du villig til å dø i deg selv for Ham?

Da Gorbatsjov ble avsatt

President Gorbatsjov i tidligere Sovjetunionen reiste på ferie til Krim-halvøya sør i Ukraina. Der fikk han besøk av lederne i det sovjetiske kommunistpartiet, og de bare avsatte ham som leder og president i Sovjetunionen. Hvordan kunne de gjøre det som med et fingerknips? Han hadde blitt valgt inn som leder av ledergruppen i landet og folket. De kunne avsette ham fordi han var innsatt av mennesker, og ikke av Gud. Han hadde ingen gudgitt autoritet, han hadde kun en menneske-gitt tillatelse til å styre nasjonen. **Hadde Gud satt ham inn og gitt ham autoritet, kunne ingen i verden avsette ham. Tenk nøye over dette.**

Kapittel 25

Avsluttende, meget viktige opplysninger

Feendis/Satan
Feendis er et gresk ord fra William Tyndales greske Ny Testamente (som han brukte til oversettelse til engelsk) i 1534. Det er brukt i Mark 16,15.
Feendis betyr oversatt til norsk: Satan. Forsvarere i frontlinjen, forsvarere ved grensen, arbeidsfullendere, har samme kraft som Satan. Vi ser klart at Satan og demonene er nøye og detaljerte i sine arbeidsoppgaver for å få sine seiere.

Demonene er helt i frontlinjen og bare venter på en åpning. Da går de rett inn med åndens hastighet. Og den er: Tenk det, så er du der.
Bibelen har gitt oss klare retningslinjer for hvordan vi skal leve våre liv som gjenfødte kristne. Følger vi dem, så vil våre festningsverker alltid være sterke og feendis kommer ikke inn. Et solid liv med Kristus tar tid å bygge opp, men det er mulig.

Satan og de onde ånder er skapninger
Alle skapninger under syndens lov kan dø, syndens lønn er døden. (Rom 6,23)
De onde ånder kan ikke dø, fordi de er åndelige og de har ikke noe legeme. Det er legemet som dør, og det er det mennesket som har fått dannet. Den åndelige biten av mennesket lever evig. Alt åndelig lever evig.

"Gud Herren dannet mennesket av jordens muld." (1 Mos 2,7)

Hvor ender Satan til slutt?
Vi leser i Bibelens siste bok: "Og jeg så en engel stige ned fra himmelen, som hadde nøkkelen til avgrunnen og en stor lenke i sin hånd. Og han grep dragen, den gamle slange, som er djevelen og Satan, og bandt ham for tusen år. Og kastet ham i avgrunnen og lukket til og satte segl over ham, for at han ikke lenger skulle forføre folkene inntil de tusen år var til ende. Og etter den tid skal han løses en kort stund." (Åp 20,1-3)

"Etter en kort stund" - sier Bibelen videre om Satan. "Og djevelen, som hadde forført

dem, **ble kastet i sjøen med ild og svovel**, hvor dyret og den falske profet var, og de skal pines dag og natt i all evighet."
(Åp 20,10)
Her er Satans siste stoppested for evig.

Englene som ikke tok vare på sin høye stand - hvor er de?
Vi ser hvor de er i Judas brev: "Og de engler som ikke tok vare på sin høye stand, men forlot sin egen bolig, dem holder han **i varetekt i evige lenker under mørket til dommen på den store dag**."(Judas 6)

Satan og demonene er under våre føtter
Vi vet at Satan og de onde ånder/demonene har sin tid. En ting som er helt klart ifølge Guds skrevne Ord, er at Satan er beseiret for evig, han og de onde ånder. Det vi må gjøre er å vise ondskapen at vi tror på seieren, og dermed går imot fienden. Da må ondskapen vike.

"Vær derfor Gud undergitt, stå djevelen imot og han skal fly fra dere!"
(Jakob 4,7)

Vi må stå ondskapen imot, faste i troen, så viker den fra oss. Ondskapen vil være her helt til den blir kastet i dypet.
"Og djevelen som hadde forført dem, ble kastet i sjøen med ild og svovel, hvor dyret og den falske profet var, og de skal pines dag og natt i all evighet. "
(Åp 20,10)

Vi må forholde oss til den virkelighet at Satan og demonene fremdeles er i den åndelige verden, selv om seieren over dem er vunnet for lenge siden.
Det som er med ondskapen, er at de ikke erkjenner at de har tapt. Derfor går de til angrep på mennesker alt de kan. Hvis ikke vi vet seieren er vår, så lar vi dem plage oss. Hvilket de ikke har noen rett til! Det skjer kun når vi tillater dem å gjøre det.

"Overengelen Mikael vågde ikke uttale **en spottende dom den gang han trettet med djevelen**, men sa: **Herren** refse deg!"
(Judas 1,9)

Nei, han gjorde ikke det, jeg kan heller ikke se hvorfor han skulle gjøre det.
Refse djevelen

Det må være bedre å holde seg til saken og **fjerne ondskapen med troen på Guds Ord** der det er nødvendig - og **overlate refsing av djevelen til Gud.** Det er det ikke vår oppgave å gjøre.

Spottende dom

Følger vi Guds Ords retningslinjer i ett og alt, er det ingen andre ting som trengs å gjøres enn å hvile i Kristi seier. Det å komme med en spottende dom imot djevelen, har jo ingenting for seg, seieren er jo vår i Kristus.

"Frykt ikke, bare tro." (Mark 5,36)

Det er budskapet. Holder vi oss til Guds skrevne Ord, lever i lydighet til det, så vil vi kunne leve i fred.

"Og Guds fred, som overgår all forstand, skal bevare deres hjerter og deres tanker i Kristus Jesus." (Filip 4,7)

"For det glade budskap er også forkynt dere, likesom for oss, men Ordet som de hørte, ble dem til ingen nytte, fordi det ikke ved troen var smeltet sammen med dem

som hørte det. For vi går inn til hvilen, vi som har kommet til troen."
(Heb 42,3)

Her snakker vi da om hvilen som kommer fordi vi vet at Satan er beseiret for evig.

Vi har ingen grunn til å frykte Satan og hans demoner

"Dertil er Guds Sønn åpenbart, at Han skal gjøre ende på djevelens gjerninger." (1 Joh 3,8)

I Kollosserne ser vi at gjennom **Jesu Kristi seier på korset** på Golgata, **avvæpnet** Han alle makter og myndigheter, og gjorde et offentlig skue av dem, og fullstendig beseiret dem.

"Han, Jesus, **avvæpnet** maktene og myndighetene og stilte dem åpenlyst til skue, idet Han viste seg som Seierherre over dem på korset." (Koll 2,15)

Ser du det? Satan er beseiret - for evig! Det trengs å bli forstått at Satan ikke har noen reell makt igjen.

"Denne verdens fyrste er dømt." (Joh 16,16)

Vi trenger ikke være redd for Satan, hans rustning er fjernet for evig.
Lukas følger opp: "Men når en som er sterkere enn ham, kommer over ham og overvinner ham, da tar han hans fulle rustning, som han hadde satt sin lit til." (Luk 11,22)

"Dere skal trå på alt fiendens velde, og ingenting skal skade dere."
(Luk 10,19)

"Djevelen, tyven, kommer bare for å stjele og myrde og ødelegge. Jeg er kommet for at dere skal ha liv og ha overflod." (Joh10,10)

Vi ser Satan er en tyv, en drapsmann, en ødelegger og en løgner. Men **de gode nyhetene er at han er evig beseiret. Seieren er vår i Jesu Kristus.**

Satans angrep mot min kropp fra tenårene
Det virker sikkert for mange ikke så troverdig å høre en uttalelse som dette:

Satan har angrepet min kropp fra tenårene av. Hvorfor jeg nå sier det, er fordi jeg har hatt 40 år på å tenke det igjennom. Og jeg har fått se det i mitt livs perspektiv, som en kristen og som forkynner. Satan kryper inn på mennesket på en snikende måte, eller han kan gjøre det på en aggressiv måte.

Når det gjelder meg, var vel oppstarten litt aggressiv. Jeg var 14 år og var på Bjerke Travbane i Oslo. Det er like ovenfor der jeg bodde. Som smågutt likte jeg hester, det var årsaken til at jeg var der denne dagen. Jeg fant noe tørris i en kjøleboks, som ble brukt til iskremsalg. Det tok jeg opp i en tom brennevin-flaske jeg fant og skrudde på korken. Jeg visste at det kom til å smelle som ei bombe. Minuttene gikk og ingenting skjedde, så jeg gikk bort og bøyde meg ned for å se hvordan det lå an. Da smalt flasken rett i ansiktet på meg. Det resulterte i et blindt øye, hjerneskade og slag. Jeg ble vant til det blinde øyet og kjente ikke noe til hjerneskaden, før jeg ble 22 år. Da oppsto en hjernehinnebetennelse. Etter et sykehusopphold dro jeg til London for å ha møter. Da hadde jeg vært frelst i litt over 2 år og 6 måneder. Jeg skulle ha møter i en av bydelene som het Brixton. På hotellet samme morgen jeg skulle reise hjem, våknet jeg og var lammet fra livet og ned. Etter å ha kommet til Norge igjen, ble jeg lagt inn på sykehus for undersøkelser. Der ble slagtilfelle nummer 2 konstatert. Det var ingenting de kunne hjelpe meg med, så jeg dro hjem med ubrukelige bein. Etter 2 års trening alene, kunne bena brukes ganske bra igjen. Men jeg hadde ikke følelser fra knærne og ned.

Slag 3 kom da jeg var rundt 40 år. Da fikk noen indre organer problemer med funksjonene. Da jeg var 50 år kom slag 4, og hele min allmenntilstand ble satt radikalt ned. Nå kunne ikke beina lenger fungere normalt. Etter siste møtekampanje i Etiopia i 2011, fikk jeg slag 5 på plattformen under møtet.

Her har dere min fysiske historie i et nøtteskall. Det er greit å fortelle dere det. Min tro på Kristus og Hans løfter til meg, blir ikke berørt av det jeg nå har fortalt. Min tillit og tro til Gud har bare vokst fra den dagen jeg ble frelst og til i dag.

Jeg ble født på ny, brennende i Ånden. Og brenner fremdeles.

Helbredelses- og utfrielsestjenesten
Helbredelses- og utfrielsestjenesten har jeg stått i siden jeg var 22 år, og er fremdeles like sterk. Alle mine sykdommer og plager har overhodet ikke berørt min tro. Det har derimot gitt meg masse personlig erfaringer som jeg bruker i tjenesten for Herren. Likedan min helsefaglige bakgrunn som sykepleier. Så på den måten er alt lært og prøvd i det som jeg fikk tjeneste til. I dag kan jeg ikke si annet enn: **Ved Kristi sår har jeg fått legedom.** (Jesaja 53,5) Den bekjennelsen og troen står jeg ufravikelig på, og har ikke på noe tidspunkt avveket fra den. Her er ingen krampaktig tro, men en troens fulle visshet, som gir hvile i situasjonen.

Gå med Eva eller Jesus? Vi har valget, velg klokt, velg rett - valget er lett

Hør hva Jesus sa når Satan fristet Ham: ”Er du Guds Sønn, da kast deg ned! For det er skrevet: Han skal gi sine engler befaling om Deg, og de skal bære Deg på hendene, for at

Du ikke skal støte Din fot på noen stein. Jesus sa til Satan: Det er atter **skrevet**: Du skal ikke friste Herren din Gud!" (Matt 4,6)

Ikke valgets kvaler - ta det rette valget
Vi har valget hele veien, våre liv ledes av valgene vi tar. Som her, **brukte Satan Guds Ord for å fange Jesus i en snare.** Så du ser at Satan bruker Guds Ord imot oss også. Jesus ga Satan et klart gjensvar ved å bruke Åndens Sverd, Guds Ord, og la hans angrep dødt.

Vi har valget.
Skal du gjøre som Eva, falle i fristelse og følge slangen? Eller skal du **bruke sannhetens Ord, Guds Ord,** som det Åndens **sverd** det er, og legge Satans angrep dødt og følge Kristus?

"For Guds Ord er levende og kraftig og skarpere enn noe tveegget sverd og trenger igjennom, inntil det kløver sjel og ånd, ledd og marg, og dømmer hjertets tanker og råd." (Heb 4,12)

Hvilken kraft det er i Guds Ord med Kristi seier som grunnmuren under!

Skal du gå med Eva og følge slangen? Eller skal du fornekte enhver fristelse og hvert et angrep fra djevelen, og bruke Guds Ord som er Åndens sverd, mot ham og gå med Jesus? Eva tok av treet og brakte synden inn i verden - Kristus ga Seg til korsets tre og beseiret synden i verden. Kristus brøt forbannelsens makt og brakte igjen velsignelsens makt inn på banen.

Bibelen sier det så fint: "Kristus kjøpte oss fri fra lovens forbannelse, idet Han ble en forbannelse for oss – for det er skrevet: Forbannet er hver den som henger på et tre." (Gal 3,13)

Valget er lett å ta.

Satans alterkall
Satan har ikke noe imot at du velger Jesus, så lenge du ikke gir hele livet til Ham. Han kjører på og sier det er nåde for alt til enhver tid. Nåde over alle grenser. Jesus er så snill og grei. Han støtter deg i alt du vil, fordi Gud er kjærlighet. Det er ingen fordømmelse å få fra Ham, sier Satan.
Vil du leve som et religiøst, ikke gjenfødt menneske, fylt av laster og synd?

Bundet av djevelen på armer og bein, så langt fra Kristus som det er mulig å komme? Satan har latt fristelsene gå deg over evne, du har bitt på kroken. Dette er et fritt valg som bare du kan ta.

Jesu alterkall
Men du kan også velge Jesus Kristus som din personlige Frelser og Herre i stedet! Tenk deg hvilket fantastisk liv som venter deg der!
La Kristi alterkall få hele ditt hjertets ja.

Kapittel 26

Satan og demonenes bakgård
Demonene har en bakgård hvor de gjemmer seg og krangler seg imellom. Den ene demonen har et hovmod større enn den andre. De vil alle være først og best.
De følger nøye med menneskeheten og planlegger angrep. Det er åndens verden som er rett over oss, som verken fly, raketter eller satellitter kommer i kontakt med. Disse er i en annen dimensjon, de er i den fysiske dimensjon og verden.
Dette med den åndelige verden, forstår ikke dem som ikke er frelst (og knapt nok de som er frelst). Det har aldri nyttet å leve et bevisstløst liv som en
gjenfødt, hvis du vil leve et brennende seirende kristenliv.

Bakgården
Jeg husker så godt fra min barndom alle bakgårdene. Som ekte Oslo-gutt fra Torshov, var bakgårdene en stor del av vår hverdag. Hver bygård hadde en bakgård. Disse gårdene var alle bygd fra rundt 1880. Da var det kun

brosteinsgater. I alle bakgårder var det småindustrier. Det kunne være et lite bakeri i en gård og ei smie i en annen. I bakgårdene overnattet alltid "uteliggerne". Tomme brennevins-flasker, "lausbikkjer", katter - og rotter var det over alt. All mulig lyssky aktivitet skjedde om kveldene, usynlig for dem som vandret i gatene. Det som ikke skulle ses ute i gatene på dagen, var der i bakgårdene på kvelden. Dette blir akkurat som med Satan og demonene, de er feige og gjemmer seg unna så de ikke skal oppdages. De kommer frem og angriper når det minst ventes og de ikke synes. Derfor er det av høyeste viktighet at vi kjenner vår posisjon og lever sterkt i den åndelige verden i den Hellige Ånd. Seieren er vår i Jesu navn. Seieren er evig vår i Jesu navn, i bakgårdene og ute på brosteinsgatene.

Satan går til angrep i bakgården i ånden - bakgården er åndens verden

Åpenbaringen omtaler Satan som "våre brødres anklager". (Åp 12,10)

Efeser-brevet beskriver det som: "… makter, myndigheter, verdens herrer i dette mørke, ondskapens åndehærer i himmelrommet". (Ef 6,12)

Til tross for at Satan og hans onde følge fører krig i himmelrommet, så er allikevel deres fremste mål å ødelegge mennesker på jorden. Satan opererer i mørket i bakgårdene, og får resultatene frem på brosteinen på gatene i lyset.

Jesaja 14, 12-14. Leser vi dette vil vi se hvilke mål Satan satte seg. Han tok sikte på å bringe nasjoner til fall. Svekke den moralske standard og legge menneskelige ressurser øde. Ved å forderve samfunnsmoralen søker han å forhindre lov og orden, og gjennom dette vil han få de riker som tilhører Gud til å vakle. Han bruker alle sine destruktive krefter til å skape fysiske nasjonale ødeleggelser, og psykiske. Alt Gud har skapt til mennesket - og mennesket selv - vil han tilintetgjøre om han kan.

Bibelen sier det så klart: "For den lønn som synden gir er døden, men Guds nådegave er

evig liv i Kristus Jesus vår Herre." (Rom 6, 23)
Satans angrep som begynte ved historiens morgengry, vil fortsette inntil Gud lar teppet falle etter det forferdelige dramaet ved Harmageddon.

Satans ideologi
Hele Satans ideologi er basert på å trekke Guds ord i tvil! «Har Gud virkelig sagt…?» Slik er Satans åpnings-frase. Gjennom alle tider har han forsøkt å reise tvil og så usikkerhet. Han er hele tiden på ferde for å svekke det Gud har sagt. Det kan ikke trekkes i tvil. Gud forsikrer oss at ved Kristi verk på Golgata vil seieren være evige. Seierrik og triumferende er kampen mot Satan for oss - for all evighet. Seieren er vår i Kristus Jesus, vi rydder bakgårdene for djevelskap og bringer inn lyset. De blodvaskede, brostein-belagte gatene vil lyse av Kristi seier for alltid.

Bakgårdene er renset og belyst, den skjulte verden er beseiret for evig!

Tom Arild Fjeld

Tom Arild Fjeld er Oslo-gutten som har reist i mer enn 60 land og forkynt evangeliet siden han var 22 år. Hans tjeneste har evangeliets klare forkynnelse til frelse, helbredelse og utfrielse fra demoner. Disse tingene har fulgt ham fra dag en i hans kristenliv.
Ved siden av kallet som evangelist, har han også en sterk læretjeneste. Han har også vært førstemann med evangeliet inn i flere nasjoner og grunnlagt menigheter. Han er absolutt ingen tradisjonell forkynner, men en forkynner for tiden han lever i. Han har det profetiske lys over all sin forkynnelse og en klar åpenbaring i skriften. Og hans tale er med autoritet.

Han har blitt konfrontert med farer og uforutsigbare hendelser over hele verden i alle år. Alle hans bøker og all forkynnelse har alltid med seg selvopplevde historier fra verden rundt. Historier om menneskers frelse, helbredelse, utfrielse fra demoner og historier fra hans spennende reiser.

Bøker og traktater av Tom Arild Fjeld

Traktater til muslimer
1 Allah – Jehova/Jave
2 Helbredelse av kjærlighet til deg
3 Satans tanke angrep med piler
4 Do you have a personal relationship to your god
5 Salvation- the greatest miracle of all

Norske bøker
1 Hvordan motta frelsen mirakel, Norsk, engelsk, Bulgarsk, Rumensk og Gassisk
2 Hvordan motta helbredelsens mirakel, norsk
3 Mer enn en overvinner, norsk
4 På Barrikaden, norsk
5 Nøkkelen til alt – tro, norsk, engelsk
6 Virkelig fri, norsk
7 En kriger for Kristus, norsk
8 La dine drømmer leve, norsk
9 Det virker, norsk
10 Han ga sitt liv – ingen kunne ta det, norsk engelsk
11 Få "lausbikkja ut", norsk, engelsk
12 Den skjulte verden, norsk, engelsk

13 Kraften vinner krigen, norsk
14 Kristus helbrederen
15 Blodets mysterium
16 Nøkkelen til alt – tro, norsk, engelsk
17 Et liv et eventyr – Biografi, engelsk
18 virkelig fri, norsk
19 Seier over Satan, norsk
20 Født på ny – nytt liv fra Ånden, norsk
21 Det er seier – vitnesbyrd fra verden rundt, norsk
22 Mer enn en overvinner, norsk
23 Dressa opp for seier, norsk
24 Gjennombrudd med slagkraft, norsk
25 Seirende tros bønner, norsk, engelsk
26 Be igjennom – bønn på dypet, norsk, engelsk
27 Mysteriet
28 Det er seier verden rundt
29 Vitnesbyrd fra verden rundt
30 Seier mot alle odds

Akademika

31 0 feil – Alt riktig første gang – medikamentregning for helsesektoren, norsk
32 Skapelsens realiteter uten Gud Jehova?, norsk

Verdens evangelisering
33 The heart of God – to the world
34 Guds hjertesak og primærtjeneste, norsk
35 Skriket – Guds jobb nr. 1 og primærtjeneste – verdensevangelisering, norsk
36 Front evangelisering, norsk
37 Gods first priority, engelsk
38 Gå ut i all verden, norsk
39 Guds primærtjeneste og hjertesak

Engelsks bøker
40 The mystery of the blood
41 Breakthrough in life
42 Pray through – prayer on the deep
43 He gave His life – no one could take it
44 Mystery
45 More than a conqueror
46 Get the stray dog out
47 The key to everything – faith
48 Victorious prayers of faith
49 Born again
50 Testimonies from around the world

Bøker til muslimer
51 Pilar of truth, engelsk
52 Velg Gud – Abrahams sønner, norsk

53 Personlig til deg, norsk

Bøker til hinduer
54 En ny skapning, Telegu(Indisk)
55 Let god be God – to you (engelsk)

Tom Arild Fjeld har reist over hele verden og forkynt evangeliet siden ungdommen. De siste årene har han skrevet mange bøker, som nå kommer ut i tur og orden. Aktuelle bøker for den tiden vi lever i.

Følg med på sosiale medier, kristne TV-stasjoner og aviser hvor han har møter og undervisning.

Vær med og støtt tjenesten regelmessig økonomisk, eller bli en praktisk partner i den.

Følg sidene www.BrotherTom.org , Tro & Visjon på Facebook og www.twitter.com

Ta kontakt på Facebook
eller www.tomarildfjeld@gmail.com

Kontonummer: 0532.37.94229

www.ingramcontent.com/pod-product-compliance
Lightning Source LLC
LaVergne TN
LVHW051224080426
835513LV00016B/1398

* 9 7 8 8 2 9 3 4 1 0 3 9 3 *